KARL STEINBUCH

Die rechte Zukunft

Karl Steinbuch

Die rechte Zukunft

Gegen Fortschrittswahn
und Pessimismus

Herbig

Umschlaggestaltung: Christel Aumann, München
Satz: Type Center, München
Druck: Mohndruck Graphische Betriebe GmbH, Gütersloh
ISBN: 3-7766-1183-9

Wer in einer gefährlichen Welt
nicht von Sinnen ist, beobachtet scharf,
überlegt seine Lage nüchtern
und handelt dann entschlossen.

Inhalt

Vom Scheitern der Visionen

Eine Wüstenkarawane, die sich an Luftspiegelungen orientiert, geht leicht zugrunde. Eine Politik, die Visionen folgt, wird leicht scheitern.

In unserem Lande wirkt gegenwärtig unter der Devise des »Fortschritts« eine vielfältige, aber innerlich stark zusammenhängende visionäre Ideologie, die unser Volk mehr polarisiert als die Programme der etablierten Parteien, die veröffentlichte Meinung großenteils kontrolliert, Zukunftsentwürfe vielfach verwirrt, die Politik der Bundesregierung schwer behindert und so unserer res publica immensen Schaden zufügt.

Lieber Leser – der Sie Ihr Weltbild nicht nur vorfabriziert aus den Massenmedien beziehen, sondern unsere Welt auch noch unmittelbar sehen und kritisch beurteilen – fällt Ihnen nicht auf, daß dieser »Fortschritts«-Wahn ständig scheitert?

- Einst versprach er »mehr Demokratie« – aber jetzt stehen wir vor einem ramponierten Rechtsstaat.

- Einst versprach er mehr Lebensqualität – aber jetzt muß an Sozialleistungen gespart werden.

- Einst versprach er höchste Priorität für die Bildung – aber jetzt ist unser Bildungssystem chaotisiert.

- Einst versprach er, den Frieden sicherer zu machen

– aber jetzt leben wir mit Aggressionen und Rüstungsexplosion.

- Einst versprach er einen weiten Blick über den Tellerrand hinaus – aber jetzt stehen wir vor einem Gebirge ungelöster Zukunftsprobleme.

- Einst versprach er uns Reform alles Unzeitgemäßen – aber jetzt mag niemand mehr das Wort »Reform« hören.

- Einst wurde das Prinzip Hoffnung inthronisiert – aber jetzt ist unser Land vor Hoffnungslosigkeit wie gelähmt.

Der »Fortschritts«-Wahn brachte exaltierte Visionen für die Gestaltung unserer Zukunft – aber zerstörte all das, was unsere Zukunftschancen tatsächlich ausmacht.

- UNSER GEISTIGES ERBE WURDE VERTAN:

Unser Volk hatte in Jahrhunderten geistiger Arbeit eine hochwertige rationale Kultur aufgebaut, die in der ganzen Welt anerkannt und nachgeahmt wurde. Diese wurde im Namen des »Fortschritts« leichtfertig zerstört: Die einst hochentwickelte Wissenschaft wurde ideologisiert und politisiert, die sublime Moral durch Gutdünken und subjektive Willkür verdrängt.

Unsere Universitäten wurden nicht nur materiell, sondern auch geistig so verschmutzt wie noch nie in ihrer langen Geschichte. Mit »antikapitalistischer Wissenschaft« und »Gewerkschaftsuniversität« wird der Niedergang der Nazizeit mit »deutscher Physik« und Hitlers Spott über den »deutschen Objektivitätsfimmel« fortgesetzt.

So wird ein einzigartiges Erbe unwiederbringlich zerstört.

- Unser Volksvermögen wurde leichtfertig vertan:

Als unser Land einst aus Trümmern aufgebaut wurde, ersparte man zugleich Milliarden für zukünftige Notfälle. Aber jetzt – nach Jahren höchsten Wohlstandes, einer angestifteten Anspruchsinflation und leichtfertiger Abwertung von Leistung, Askese und Initiative – ist unser Staat bis zur Lähmung verschuldet durch »fortschrittliche« Experimente, von denen kaum eines den versprochenen Erfolg gebracht hat, die meisten aber immense Summen unseres Volksvermögens gekostet haben.

- Unsere gute politische Ordnung wurde schwer beschädigt:

In unserem Lande war nach schwersten politischen Verirrungen ein bürgerlicher Staat aufgebaut worden, der einzigartige Freiheiten gebracht hatte und keinen Vergleich mit anderen politischen Systemen in Ost und West zu scheuen brauchte. Dieses gute politische System wurde und wird unter dem Vorwand halbdurchdachter Reformen ausgehöhlt und zugrundegerichtet.

Genau so wie in den dreißiger Jahren werden auch jetzt schon wieder rechtsstaatliche Positionen aus Gründen politischer Opportunität aufgegeben.

- Die biologische Substanz unseres Volkes wird vertan:

Deutschland – vor allem die Bundesrepublik Deutschland – hat gegenwärtig eine extrem niedrige Geburtenrate und kann seinen Bevölkerungsstand nicht mehr halten.

So wie die sozialen und geistigen Verhältnisse bei uns gestaltet worden sind, ist es kein Glück, sondern ein Unglück, wenn Frauen »in Hoffnung« kommen.

Immer mehr Mitbürger verlassen unser Land, in dem die Hoffnungslosigkeit herrscht.

Die zahlenmäßige Abnahme der Deutschen wird nur durch die enorme Vermehrung der Fremden in unserem Lande verdeckt. Fremde Kinder füllen unsere Kindergärten, unsere Schulen und unser soziales Netz – und sie wollen trotz aller Anbiederung meist gar nicht integriert werden.

So werden Deutsche in Deutschland allmählich zur Minderheit.

Wenn die natürliche Abwehrreaktion vieler Mitbürger gegen die unerträgliche Überfremdung als »Fremdenfeindlichkeit« diffamiert wird, dann zeigt dies, wie sehr sich der Identitätsverlust bei uns bereits etabliert hat.

● Das Vertrauen zwischen den Generationen wurde zerstört:

Unsere Jugend wurde jahrelang überschüttet mit uneinhaltbaren Versprechungen und fällt jetzt angesichts ihrer Uneinhaltbarkeit in tiefstes Mißtrauen, Verzweiflung, Haß gegen die Alten, Anarchie, Rauschgiftsucht und Sektiererei.

Man hat viele junge Menschen an unbezahlbare Hochschulen verführt, um sie dort für Berufe auszubilden, zu denen sie nicht taugen und in denen sie nicht gebraucht werden – und niemand kümmert sich um die Folgen, vor allem das immense menschliche Unglück.

Nicht erbracht wurde und wird die Bringschuld der Erfahrenen: Glaubwürdige Ratschläge für ein Leben in einer gefährlichen Welt.

Es ist historisch einmalig, wie hier ein Kulturvolk seine Jugend betrügt und ins Unglück stürzt.

Man kann über Ideologien theoretisch lange und ergebnislos streiten – aber hierüber kann man nicht streiten: Die praktischen Folgen des »Fortschritts«-Wahns sind entsetzlich: Das vertane geistige Erbe, das vertane Volksvermögen, die Zerstörung unserer guten politischen Ordnung, die vertane biologische Substanz und die Zerstörung des Vertrauens zwischen den Generationen.

Warum verfehlt dieser »Fortschritts«-Wahn ständig alle seine propagierten Ziele?

Sein Grundmotiv ist der Überdruß vor der banalen Realität der Wohlstandsgesellschaft und der Anspruch, er verwandle diese in ein friedliches und spirituelles Paradies, wenn man nur ihn machen ließe.

Er übersieht hierüber gänzlich die praktischen Grundprobleme, z. B. wie man die Millionen Menschen unseres rohstoffarmen Landes satt machen, Arbeitslosigkeit mindern und trotz aller Krisen den Frieden wieder über ein paar Jahre erhalten kann.

Nur mit abgrundtiefem Ekel registriert er das banale Krisenmanagement der Politiker an der Verantwortungs-Front: Er weist endgültige »Wege aus der Gefahr« und verachtet den, der »nicht mehr geben will, als er hat« – ihm steht Höheres im Sinne.

Hier würden ihm die Demagogen der dreißiger Jahre, die ihren Kampf gegen das vielbeschimpfte Krisenmanagement des »Systems von Weimar« führten, sicher zustimmen.

Erschreckend ist, wie viele Jugendliche gegenwärtig kritiklos und gläubig den Visionen der neuen Demagogen folgen – genau so, wie die Jugendlichen der dreißiger Jahre den Visionen der damaligen Demagogen gefolgt sind.

Hier herrscht der Aberglaube, »linke« Verrücktheit sei das richtige Mittel gegen einstige »rechte« Verrücktheit – der mittlere Weg der Vernunft und Kompromisse wird ständig verfehlt.

Man möchte verzweifeln: Gibt es denn im Kampfe der Ideologien gar keinen Lernprozeß, wird man denn gar nie empfindlich gegen die machtgierigen Hochstapler, erkennt man den ideologischen Schund denn gar nie als Schund?

Weshalb ist dieser »Fortschritts«-Wahn ein falscher Wegweiser in die Zukunft?

In seinem Weltbild kommen vor allem zusammen:

> Realitätsverlust,
> Überschätzung der theoretischen Möglichkeiten des Menschen,
> Haß auf komplexe Strukturen – und
> verantwortungsloser Opportunismus.

Der Realitätsverlust zeigt sich schon an der Verdrängung historischer und naturwissenschaftlicher Erfahrung. Der Abbruch historischer Kontinuität ist ja vorrangiges Ziel aller Demagogen. Sei es mit »Deutschland erwache!«, sei es mit »Ende oder Wende« – mit ihnen zieht immer die neue Zeit.

An unseren Schulen wurde die naturwissenschaftliche Bildung abgewertet und der Geschichtsunterricht zur Zeitgeist-Dressur umfunktioniert.

Beklagte man einst, mit wie wenig Geist die Welt regiert wird, so muß man jetzt beklagen, mit wie wenig Geist die Welt kritisiert wird.

In Abwesenheit ausreichenden Sachverstandes können die »Fortschrittlichen« das uralte Lied der Weltverbesserer anstimmen: Alle Menschen sind gleich, alle sind gut und dies schon vor jeglicher Bildung und ohne soziale Zwänge. Sie ignorieren, daß die Menschen weder in ihren Leistungen, noch in ihren Ansprüchen gleich sind, daß sie vor jeglicher Bildung Barbaren sind und ohne soziale Kontrolle oft kriminell werden.

Grotesk ist vor allem das Verhältnis der »Fortschrittlichen« zur Technik: Für sie ist es erwiesen und feststehend, daß Verstand für die Technik Verantwortungsbewußtsein für die Technik ausschließt und deshalb die Technik diejenigen kontrollieren müssen, die nichts von ihr verstehen. Dabei merken sie gar nicht, daß sie – typisch gesinnungsethisch – ständig ganz anderes bewirken, als sie eigentlich wollen und daß sie die Technik desoptimieren, d. h., technische Entscheidungen erzwingen, die in unserem gemeinsamen Interesse falsch sind.

Sie betonen ständig, ethische Überlegungen müßten unabhängig von technischen Sachzwängen sein – aber sie nutzen technische Anforderungen trotzdem gerne als angeblich zwingende Argumente für einen »neuen Menschen«, der mindestens ein »Jahrtausendmensch« sein muß.

Die Erfahrung zeigt aber, daß die Menschen, die mit Raumfahrt und Computer leben, keine anderen sind als die, die einst mit der Postkutsche und Adam Rieses Rechenkünsten gelebt haben: Man muß die neuen Probleme mit dem alten Menschen lösen.

Nach dem grotesken Realitätsverlust kann man in unserem Lande – ohne deshalb unglaubwürdig zu werden – argumentieren, als ob man mehr als hundert Prozent verteilen, Naturgesetze »transzendieren« und den Sachverstand als »Sachzwangideologie« abtun könnte.

Man kann einem auch vorwerfen, daß er »nicht mehr geben will, als er hat«.

Nächst dem Realitätsverlust fällt die Überschätzung der Tragweite sozialer, psychologischer und politischer Theorien auf: Man glaubt allen Ernstes, menschliche Existenz, soziales Zusammenleben und praktische Politik ohne Rücksicht auf Erfahrung und Überlieferung ausschließlich auf Theorie aufbauen zu können. Man treibt dieses törichte Spiel bis zur Absurdität – man will »radikal« sein und merkt nicht, daß die reale Welt komplizierter ist als irgendeine Theorie erkennen läßt.

Das ständige Scheitern – sei es z. B. im Bildungswesen, im sozialen Zusammenleben oder in der Wirtschaft – führt bei den »Fortschrittlichen« nicht zur Selbstkritik und Korrektur ihrer Visionen – sie machen stur, radikal und verantwortungslos weiter, wie sie einst angetreten sind.

Die Verführten – realitätsfern und prinzipiensüchtig – geraten in die ideologische Leichtgläubigkeit, in der alles Gefällige geglaubt und simpelster Demagogie gefolgt wird, selbst wenn sie in die Kinderkreuzzüge unserer Zeit führt.

Da man Normalität nicht theoretisch definieren kann, meint man, es gäbe keine – und hält jede Perversion für normal.

Das theoretisierte Weltbild erzeugt eine standpunktlose Allerweltshumanität, in der fremde Interessen unverstanden vertreten und eigene Interessen unverstanden vergessen werden. Nach dem Verlust eigener Erfahrung mit Not, Angst und Tod kann man keine vernünftigen Entscheidungen mehr treffen. Nach der langjährigen Schonung im Spannungsfeld der Großmächte vergißt man, daß unsere Existenz und Freiheit aufs höchste gefährdet und ihre Verteidigung unsere wichtigste politische Aufgabe ist.

Das theoretisierte Weltbild verleitet zur Überschätzung prognostischer Möglichkeiten: Man nimmt nicht zur Kenntnis, daß die meisten Prognosen falsch sind – und daß noch kein Futurologe jemals die Verantwortung für die üblen Folgen seiner falschen Prognosen übernommen hat.

Bemerkenswert ist aber, daß die »fortschrittliche« Ideologie bestimmte prognostische Fragen überhaupt nicht stellt, so z. B.

- Wovon sollen denn die vielen Menschen unseres ressourcenarmen Landes ohne hochwertige Technik leben?

- Wie soll ein liberaler Rechtsstaat erhalten werden, wenn seine Grundsätze ständig diffamiert werden?

Die »Fortschrittlichen« reden auch nicht darüber, daß die Futurologie dort, wo sie politisch wirksam war (z.B. in der Bildungspolitik), mit dem Geschrei über eine angebliche »Bildungskatastrophe« enormen Schaden angerichtet und dort, wo sie eigentlich hätte wirken müssen, z.B. durch Prognose der Energieknappheit, gänzlich versagt hat.

Man kann auch in unserer schnellebigen Zeit noch darauf bauen, daß die historische Erfahrung ein besserer Ratgeber als alle Futurologie ist.

Die »fortschrittliche« Ideologie ist erfüllt vom Haß auf komplexe Strukturen – seien diese nun das komplexe Wissen der Erfahrungswissenschaften, seien es komplexe Strukturen der Technik, der Medizin oder der Rechtsstaatlichkeit. Selbst ihre Ausdrucksformen sind meist schwach strukturierte Affekte – sei es nun in der Musik oder in der bildenden Kunst.

Die »Fortschrittlichen« mögen den mühsamen Weg nicht gehen, der aus einem Barbaren einen kultivierten Menschen macht – lieber Kaspar Hauser als Anpassung! Und sie wollen uns einreden, die zurückgebliebenen Barbaren seien tatsächlich zu mehr Vernunft, Glück, Freiheit oder Humanität »fortgeschritten«.

Wohl das lehrreichste Beispiel für die Zerstörung komplexer Strukturen durch den »fortschrittlichen« Wahn ist die »Demokratisierung« unserer Universitäten. Hier wurde aus einem – trotz aller altmodischen Erscheinungsformen wohlfunktionierenden – Lehr- und Forschungsbetrieb ein ineffizientes Durcheinander von

Bürokratie und Ideologie gemacht, dessen Leistungen in Forschung und Lehre schlecht sind und das den Steuerzahler hohe Milliardenbeträge kostet.

Dies ist der Kern der »fortschrittlichen« Ideologie: Sie erträgt nicht die Einsicht, daß unsere Welt komplizierter ist, als ihr Intellekt zu fassen und zu verarbeiten vermag – und sie handelt aus dem Neid heraus: Was ich nicht verstehe, das darf nicht sein.

Die Spanne zwischen allzu großer Komplexität und unzureichendem Verstand, die der Normale durch profanes Vertrauen oder religiösen Glauben bewältigt, kompensiert der »Fortschrittliche« durch Überschätzung seiner intellektuellen Möglichkeiten und Zerstörung hochkomplexer Strukturen.

Die Einsicht in die informationelle Unzulänglichkeit des Menschen ist ihm unerträglich, vor allem die Einsicht, daß wir alle unverstandenen Erfahrungen ohne theoretische Begründung folgen müssen.

Die »Fortschritts«-Ideologie gibt sich gerne anti-autoritär – aber sie lebt gänzlich von der Autorität einiger Demagogen, denen die Masse dumpf, kritiklos und kopierend folgt.

Viele mögen guten Glaubens mitlaufen und kaum bemerken, daß die »fortschrittliche« Bewegung meist ganz anderes anrichtet, als sie beabsichtigt und verspricht – aber den Anführern geht es vor allem um politische Macht: sie wollen die Machtübernahme.

Zwar sind Politiker in Demokratien immer in Versuchung, ihre Entscheidungen und ihr Verhalten so einzurichten, daß ihre Macht erhalten oder vergrößert wird. Aber dieser vordergründigen Taktik stehen grundsätzliche Programme gegenüber, die den Opportunismus begrenzen. Diese politischen Programme bewährter Parteien gehen normalerweise aus von einer Deutung des Erfahrungsgemäßen und bringen dann Ratschläge, wie man in dessen Rahmen wünschenswerte Zustände verwirklichen kann.

Für die Ideologen des »Fortschritts« ist der Opportunismus anderer Art, er ist grundsätzlich, strategisch, er bestimmt schon die Visionen. Sie beginnen im Unbewußten, mit der Klage über die Unverstehbarkeit einer hochkomplexen, gefährlichen Welt, über Entfremdung und Friedlosigkeit – und sie versprechen die totale Beseitigung all dieser Beschwerden. Hierbei wird mit realen Möglichkeiten und unüberwindbaren Sachzwängen sehr großzügig umgegangen, hier verspricht man sichere »Wege aus der Gefahr«.

Da stellt sich die Frage: Wer in einer gefährlichen Situation so leichtfertig die Lösung aller Probleme verspricht: wird der nicht schuldig, wenn Unmündige im Glauben an diese Versprechungen alle Grenzen der Rechtsstaatlichkeit niederreißen, um endlich das versprochene Paradies zu verwirklichen?

Aber für die Ideologen des »Fortschritts« ist Verantwortung immer etwas von anderen zu Leistendes, nie Eigenleistung.

Selbst wenn sie Rechtsbrecher zu Widerstandskämpfern umstilisiert haben, wehren sie entrüstet den Vorwurf ab, den Rechtsbrechern die Motivation gegeben zu haben und damit für den Rechtsbruch verantwortlich zu sein.

Unerträglich ist es, mit welcher Verlogenheit die Demagogen des »Fortschritts« unsere Technik und Wirtschaft bekämpfen, aber nicht sagen, welche Folgen sich nach deren Zerstörung einstellen würden – vor allem Hunger und Armut. Sie geben auch nicht zu, daß die – ohne Technik und Wirtschaft – armen und hungernden Menschen keinesfalls gewaltfrei und idealistisch zusammenleben würden, sondern verzweifelt und hemmungslos um die wenigen noch verbleibenden Ressourcen kämpfen würden.

Unerträglich ist auch ihre demagogische Doppelstrategie:

- Man erzeugt bei den Unerfahrenen, besonders bei der Jugend, Zweifel und Haß gegen demokratisch legitimierte Zustände und gegen den Sachverstand – und

- wenn diese Unerfahrenen dann ausreichend emotionalisiert sind, fragt man mit tremolierender Stimme vor der Fernsehkamera: Glauben Sie wirklich, daß unsere »kritische« Jugend diese Zustände und Entwicklungen hinnehmen wird?

Wagt es denn bei uns keiner zu sagen, daß die Jugendlichen in unserer Zeit weder klüger noch erfahrener sind als die Jugendlichen in den dreißiger Jahren und daß sie ebenso verführbar sind wie jene?

Wagt es denn bei uns keiner zu sagen, daß der zunehmende Einfluß Jugendlicher auf politische Entscheidungen ein zunehmender Einfluß Leichtverführbarer ist?

Dies ist eine der vielen Grotesken unserer Zeit: Während unsere Welt immer komplizierter wird und immer mehr Erfahrung fordert, überläßt man ihre Gestaltung immer mehr den Unerfahrenen – und die Folgen sind schrecklich.

Der strategische Opportunismus verband sich mit einer Supermacht ähnlicher Interessen: Den Massenmedien, die beim Publikum ankommen wollen und hierzu sensationelle und leichtverständliche Stichworte brauchen.

Nachdem die Religion kaum mehr das Verhalten bestimmt und die Erfahrungen der Geschichte und Naturwissenschaften den meisten immer fremder werden, bestimmen vor allem die Massenmedien das öffentliche Bewußtsein und damit letztlich das politische Verhalten.

Hier spielen Sachzwänge, politische Einseitigkeit und Verantwortungslosigkeit eine große Rolle.

Da ist vor allem die ständige Versuchung, Sachverhalte publizistisch aufzubauschen, unverstandenes Normalverhalten zum Skandal umzustilisieren und unser

Zusammenleben dem gutgläubigen Empfänger als eine Schreckenskammer darzustellen.

Da ist weiter der Zwang zur Simplifikation: Was über die Massenmedien den Massen zugeteilt wird, müssen die Massen ohne Rückfrage verstehen können. Deshalb wird fast nur noch das Allereinfachste zugeteilt.

War früher die geistige Entwicklung durch immer besseres Unterscheidungsvermögen bestimmt, so dominiert in unserer Zeit eine gigantische Simplifikationsmaschine.

»Maßlos informiert« – heißt nicht nur, daß die Informationsmenge jedes menschliche Maß überschreitet, sondern auch, daß die angebotenen Informationen nicht am Maße der Realität, der Erfahrung und Vernunft gemessen werden.

Wo rational argumentiert wird, können Irrtümer auch von einzelnen widerlegt werden. Wo aber Webschüler die veröffentlichte Meinung produzieren, ist die Logik machtlos – da ist alles Massenwirkung.

Wichtiger als die Wahrheit ist der Draht in die Redaktionsstuben.

Nirgendwo ist der Moralismus so billig und nirgendwo sind Anklagen so risikolos wie in den Massenmedien.

Die Ideologie des »Fortschritts« hat sich mit einem beinahe undurchdringlichen Panzer von Vorurteilen gegen Widersprüche abgeschirmt: Die Aufklärung begann einst mit Galileis Forderung, daß sich theoretische Aussagen in der Praxis bewähren müßten – in unserer Zeit endet die Aufklärung mit der Ideologie des »Fortschritts«, die ihre Rechtfertigung in sich trägt und angeblich keine äußere Bewährung braucht.

Einst verstand man unter Kritik, daß Sachverhalte, Meinungen, Theorien usw. anhand der Erfahrung, Logik oder Vernunft geprüft wurden. Bei den »Fortschrittlichen« und ihren meinungsmachenden Mitläufern bedeutet »kritisch« etwas ganz anderes: Es muß die Vorurteile bestätigen, die man als »fortschrittlich« postuliert hat, gleichgültig, ob das zu kritisierende nun irgend etwas mit Erfahrung, Logik oder Vernunft zu tun hat. So geht hinter dem verbalen Dauerkritizismus die Fähigkeit zu ernsthafter Kritik und Selbstkritik verloren.

Die »Fortschritts«-Ideologie wird ermöglicht und gefördert durch einige bemerkenswerte Tatsachen, so z.B.

- einen Psychologismus, der jedermann zeigt, weshalb er frustriert sein muß,

- einen Soziologismus, der den Konflikt zur Staatsphilosophie machte und bewährte Sozialstrukturen hemmungslos zerstörte,

- eine »Futurologie«, die zur blanken Demagogie wurde,

- einen Staatsphilosophen, der wie ein Korken auf jeder ideologischen Verrücktheit schwimmt – und

- einen Staatspoeten, der aus seiner Verachtung für unser gutes politisches System und seiner Sympathie für dessen Zerstörer kein Hehl machte.

Letztlich beruht die krebsartige Wucherung des »Fortschritts«-Wahns auf dem Fehlen ernsthafter Gegner und der Einseitigkeit unserer Publizistik. Hier braucht es Menschen, die Diffamierung ertragen.

Dieser »fortschrittliche« Wahn lebt gänzlich davon, daß er nie gezwungen wird, eine volkswirtschaftliche Gesamtrechnung aufzumachen. Eine solche würde zeigen – was er gerne verschweigt –, in welche tiefsten Tiefen Wohlstand und Lebensqualität bei Realisierung seiner Absichten sinken würden. Er bezieht seine scheinbare Rechtfertigung aus geeignet ausgewählten Meinungen falsch programmierter Fachleute, einem irrealen Weltbild und ökonomischen Milchmädchenrechnungen.

So wie die Verhältnisse bei uns wurden, können wir nicht schnell und nicht leicht aus diesem Wahn herauskommen und unsere res publica wieder auf Rationalität stellen.

Ich wünschte, man könnte den Vorkämpfern der »Fortschrittlichkeit« und ihren Mitläufern ein passendes Territorium gänzlich überlassen, damit sie dort nach ihren eigenen Vorstellungen zusammenleben und zusammenwirtschaften könnten. Dann würden sie schnell entdecken, daß es Sachzwänge gibt, die stärker sind als ihre Visionen.

Leider können wir ihnen ein solches Territorium nicht überlassen – und deshalb müssen wir mit diesem Wahn noch lange leben und noch ein tiefes Tal wirtschaftlichen und kulturellen Niedergangs durchschreiten.

Die Zerstörung im Namen illusionärer Visionen waren bisher nur undeutlich zu erkennen – aber neuerdings brechen sie sehr deutlich in unser Leben ein: Die Rechtsstaatlichkeit löst sich auf und unser materieller Wohlstand schwindet.

Nach der neuerlichen Entwicklung – den Morden, den Straßenschlachten und dem Zurückweichen unserer staatlichen Instanzen vor Rechtsbrechern – fragen jetzt immer mehr Bürger, ob dieses gute politische System auf dem Wege in die Selbstzerstörung nicht bereits weit »fortgeschritten« ist.

Wer beispielsweise die vorherrschende Ideologie unseres pädagogischen Nachwuchses kennt, wird für die Zukunft viel Schlimmes erwarten.

Gewiß: Man soll sich nicht aus der Rechtsstaatlichkeit herausbomben und herausschießen lassen – aber man sollte die Systemzerstörung auch nicht zur öffentlich finanzierten Funktion machen.

Angesichts unserer zunehmenden wirtschaftlichen Schwierigkeiten flüchtet man sich vorläufig noch in die

Selbsttäuschung, diese seien eine Folge äußerer Ursachen, vor allem der Ölpreisexplosion.

Hier möchte ich warnen: Der wirtschaftliche Niedergang ist vor allem eine Folge unserer schwindenden geistigen Potenz – und er wird ohne Kurskorrektur Jahr um Jahr weitergehen, auch wenn die Ölpreise nicht steigen.

Einst – auf einem hohen wissenschaftlich-technischen Niveau – konnten wir eine hochwertige und konkurrenzfähige Produktion aufbauen und auch nach zwei verlorenen Weltkriegen ohne natürliche Ressourcen einen hohen Wohlstand schaffen.

Aber jetzt – nach Jahren des »Fortschritts« – sind durch Bürokratisierung, Ideologisierung und Abbau des Leistungswillens die Grundlagen unseres Wohlstandes zerstört und werden wichtige Zukunftsentwicklungen blockiert. Was beispielsweise mit den neuen Medien und der Kernenergie geschah, ist ökonomische Selbstverstümmelung.

An den Reaktionen auf die Zerstörung der Rechtsstaatlichkeit und der wirtschaftlichen Konkurrenzfähigkeit zeigen sich erneut die üblen Folgen des »fortschrittlichen« Aberglaubens: Viele meinen allen Ernstes, die »Fortschrittlichkeit« sei eben nicht radikal genug betrieben worden – sie wollen uns noch tiefer in die Verrücktheit hineintreiben.

Auf den Niedergang unseres materiellen Wohlstandes reagiert man nicht mit Initiative und Leistung, sondern mit gegenseitiger Anklage und dem Kampfe aller gegen alle.

Die seit langem scheinbar selbstverständliche wirtschaftliche Blüte unseres Landes machte vergessen, daß diese auf den enormen Leistungen früherer Generationen beruht, auf den Leistungen hervorragender Entdecker und Erfinder, Naturwissenschaftler, Ingenieure, Manager und Unternehmer.

»Fortschrittliche« Grundsätze führten dazu, daß Untätigkeit beinahe gefahrlos wurde und Höchstleistungen sich kaum mehr lohnen – sie führten in den verbreiteten Leistungsunwillen.

Die Technikfeindschaft wurde in unserer Zeit zur stupiden Dampfwalze, welche die Grundlagen unserer Existenz erstickt.

Die Probleme unserer materiellen Existenz werden von unserer meinungsmachenden Intelligenz als widerwärtige Probleme abgetan, mit denen sich »Technokraten« herumschlagen sollen, während sie sich die Finger nicht schmutzig machen will.

Wir brauchen jetzt eine grundsätzliche Kurskorrektur:

1. Wir müssen vor allem unserer Jugend deutlich machen, daß dieses unser politisches System – trotz aller Mängel im Einzelnen – ein vorzügliches politisches System ist, das den Vergleich mit anderen Systemen in Ost und West nicht zu scheuen braucht. Unsere Jugend sollte die Verhältnisse in anderen

Ländern gründlich (!) kennenlernen, um die Vorzüge des eigenen zu schätzen.

2. Wir müssen unserer Jugend gangbare und glaubwürdige Wege in eine gefährliche Zukunft weisen – dies ist die Bringschuld der Alten.

   Wir müssen ihr auch sagen, daß unser liberales und pluralistisches System die besten Voraussetzungen zur Lösung der unvorhersehbaren zukünftigen Probleme in sich trägt.

3. Wenn uns »fortschrittliche« Demagogen mit immer neuen Versprechungen locken, dann müssen wir sie auffordern: Haltet erst einmal die längst gegebenen Versprechungen ein, bevor ihr mit neuen kommt!

4. Wir müssen Jungen und Alten deutlich machen, daß wir mal wieder vor der Zerstörung eines guten demokratischen Systems durch verantwortungslose Demagogen stehen und die Pflicht haben, rechtzeitig und entschlossen Widerstand zu leisten gegen den Wahn, der unser Land zugrunderichtet.

Wider die Zukunftshysterie

Unser Land war während der letzten zwölf Jahre durch sehr unterschiedliche Affekte bestimmt:

Etwa 1969–1974:	Verheißungsvolle Visionen wie »Mehr Demokratie«, »Mehr Lebensqualität«, »Mehr Bildung« usw.
Etwa 1974–1980:	Nüchterne Anpassung an reale Möglichkeiten unter der Devise »Konzentration und Kontinuität«
Etwa seit 1980:	Zukunftshysterie, zuerst vorwiegend mit Frontstellung gegen die friedliche Nutzung der Atomenergie, später vorwiegend gegen die Rüstung.

Ich halte es für eine eminent wichtige Aufgabe, der gegenwärtigen Zukunftshysterie entgegenzutreten und der Rationalität wieder ihren Platz zu schaffen.

Auch wer gegen Prognosen skeptisch ist, wird von der Schicksalsfrage angerührt, ob ein großer Krieg mit ABC-Waffen ausbrechen wird, der die Menschheit dezimieren – ja sogar menschliches Leben auf der Erde gänzlich ausrotten könnte.

Wahrscheinlich erscheint mir dies:

1. Keine der beiden Supermächte – weder die USA noch die UdSSR – will bewußt einen großen Krieg:

Einerseits wegen der unvermeidbar hohen eigenen Verluste (auch im Falle eines »Sieges«), andererseits wegen der Zerstörung der möglichen Kriegsbeute, beispielsweise des hochindustrialisierten Mitteleuropa.

2. Trotzdem kann aber ein großer Krieg ausbrechen, beispielsweise durch Eskalation aus untergeordneten Anlässen heraus, durch technische Pannen in der Kriegsautomatik oder durch Irrtümer der Entscheidenden, die sich ja trotz aller »heißen Drähte« immer wieder mißverstehen.

3. Die Situation wird dadurch immer gefährlicher, daß Nationen mit aggressiven Absichten oder in verzweifelter Defensivsituation sich Atomwaffen beschaffen oder solche schon haben.

4. Die voraussehbare Zukunft ist vor allem bestimmt durch Auseinandersetzungen unterhalb der Schwelle dessen, was als Krieg im klassischen Sinne gilt: Durch ideologische Unterwanderung, Waffenlieferungen, Stellvertreterkriege, gelegentliche Ausweitung des Einflußbereichs und Drohung mit schrecklichen Waffen.

5. Die Zukunft wird stark bestimmt sein durch Auseinandersetzungen um Ressourcen – wofür die Kämpfe um die Ölquellen des Vorderen Orients typisch sind.

6. Als schreckliche Gefahr erscheint der Terrorismus mit Atomwaffen: Während diese fürchterlichen

Waffen in den Händen etablierter Regierungen meist mit einer gewissen Rationalität benutzt – bzw. nicht benutzt – werden dürften, ist zu fürchten, daß sie in den Händen von Terroristen mit ungezügelter Irrationalität und Zerstörungswillen benutzt werden. Wenn einmal eine terroristische Erpressung mit Atomwaffen stattgefunden hat, dann wird dies das Leben in den Industrieländern mehr verändern als irgendein anderer einzelner Vorgang der Geschichte.

Die Meinung, die UdSSR wolle bewußt keinen großen Krieg, muß etwas relativiert werden.

Tatsächlich hat sie viele Kriege angezettelt, aber die Randbedingungen geschickt so gestaltet, daß der große Krieg vermieden wurde. Die dortigen Machthaber wägen sehr sorgfältig ab, was aus einer bestimmten weltpolitischen Situation herauszuholen ist, ohne die Schwelle zum atomaren Inferno zu überschreiten.

Es gibt aber m. E. zwei Gründe dafür, daß sie diese Schwelle in den nächsten Jahren absenken, daß sie also mehr riskieren werden:

- Erstens das Vorhandensein eines riesigen Militärpotentials, das ungebraucht nutzlos ist und sich nicht amortisiert.

- Zweitens der ideologische Kollaps des Marxismus-Leninismus, der alle seine Ziele verfehlt hat: Er hat weder die kapitalistischen Länder ökonomisch überholt, noch die klassenlose Gesellschaft aufgebaut, noch den Frieden zwischen »sozialistischen« Ländern erhalten.

Der ideologische Kollaps des Marxismus-Leninismus wurde spätestens dann weltweit offenbar, als sich die Arbeiter in Polen gegen ihn erhoben.

Es ist m. E. nicht auszuschließen, daß nach dieser ihrer totalen Niederlage fanatische Ideologen alles auf eine Karte setzen und den Endsieg des Sozialismus militärisch erzwingen wollen.

Wir werden gegenwärtig überflutet mit Weltuntergangsliteratur, deren gleichbleibende – und allmählich recht ermüdende – Thesen diese sind: Die vor uns liegende Phase der Geschichte ist völlig neuartig; wenn wir so weitermachen wie bisher, dann geht es mit dem Leben auf dieser Erde zu Ende, wir leben auf dem begrenzten Raumschiff Erde und müssen es richtig steuern.

Da wird dann immer wieder beklagt (neuerdings wieder von A. Peccei): die Bevölkerungsexplosion, das Fehlen von Plänen und Programmen, die Zerstörung der Biosphäre, die Krise der Weltwirtschaft, der Rüstungswettlauf, die Vernachlässigung tiefgreifender sozialer Übel, die anarchische wirtschaftlich-technische Entwicklung, die Überalterung und Verknöcherung der Institutionen, der Ost-West-Gegensatz und das Nord-Süd-Gefälle und der Mangel an moralischer und politischer Führung.

Ich halte diese – publizistisch so sensationell dargebotene – Agitation für irreführend. Nicht deshalb, weil die Fakten nicht vielfach bedenklich wären, sondern deshalb, weil uns hier oft ein falsches Verhalten vor gefährlichen Problemen eingeredet wird.

Vor allem macht diese Weltuntergangsliteratur naive Leser glauben, die weltweiten Gefahren könnten durch weltweit koordinierte Anstrengungen weltweit abgewandt werden.

Oder – um im vielbenutzten Bilde zu bleiben – das Raumschiff Erde könnte durch einen gemeinsamen Willen an einer drohenden Katastrophe vorbeigelenkt werden.

Diese Hoffnung ist deshalb illusorisch, weil das Raumschiff Erde eben *nicht* von einem gemeinsamen Willen gelenkt wird, sondern von einer großen Zahl sehr widersprüchlicher Absichten – und weil nach allen Erfahrungen nicht die geringste, nicht die allergeringste Aussicht besteht, diese Absichten jemals koordinieren zu können.

Dies zeigt schon der Blick auf die Europäische Gemeinschaft, wo zehn Nationen ähnlicher Interessen es seit Jahren nicht schaffen, auch nur ihre Agrarprobleme vernünftig zu lösen.

Was bisher bei Weltbevölkerungskonferenzen, Welternährungskonferenzen, Umweltschutzkonferenzen usw. herausgekommen ist, zerstört alle Illusionen, man könnte die globalen Probleme durch Vereinbarungen mit 150 anderen Nationen fremder Denkweise, anderer Interessen und uralter Feindschaften lösen.

Wieviel Einfalt steckt auch in dem Vorschlag, die technisch hochentwickelten Großmächte in kleinere und weniger bedrohliche politische Einheiten zu zerlegen!

So wie die Verhältnisse tatsächlich sind, werden die Mächtigen noch mächtiger, die Reichen noch reicher und die Armen noch ärmer werden.

Das ist höchst unerfreulich – aber niemand weiß ein erfolgversprechendes Mittel dagegen.

Wer wollte *nicht* den Frieden und die Abrüstung – aber leider wollen sehr viele sehr verschiedene Formen des Friedens und rüsten auf, um ihre eigenen Vorstellungen von Frieden verwirklichen zu können.

Wer wollte nicht, daß die Zahl der Menschen mit den Möglichkeiten ihrer Ernährung und ihrer Umwelt in Einklang gebracht würde – aber leider interessieren sich die Milliarden der unterentwickelten Länder überhaupt nicht für dieses Problem und pflanzen sich fort wie die Kaninchen.

Welcher Mensch der hochentwickelten Länder wollte nicht, daß unsere Umwelt erhalten bleibt – aber wie wenige verzichten auf ihren Komfort – vom Auto über die warme Stube bis zum Haus im Grünen!

Um es nochmals zu sagen: Es gibt kaum einen vernünftigen Menschen, der es nicht wünschen würde, daß die schweren Zukunftsprobleme durch weltweite Planungen und Vereinbarungen gelöst würden – aber leider fehlen hierzu alle Voraussetzungen.

Es ist auch eine groteske Anmaßung der Weltuntergangspropheten, alle Probleme dieser Welt an sich zu reißen und dann »Problemlösungen« vorzuschlagen, von denen jedermann (auch der Prophet selbst) weiß, daß sie die Probleme eben nicht lösen können.

Hier entsteht ein Pseudo-Messianismus, der weder einen Weg weiß noch führen kann – der nur die veröffentlichte Meinung in Wallung bringt und Unmündige auf politische Abwege verführt.

Wer den Pseudo-Messianismus mit etwas Distanz und Gelassenheit betrachtet, der weiß, daß er regelmäßig scheitert – und daß die Realität ganz andere Wege geht.

Nur ein Narr sucht Problemlösungen dort, wo sie mit Sicherheit nicht gefunden werden können.

Die Weltuntergangsliteratur verkennt in ihrer eindimensionalen Beschränktheit auch gänzlich, daß das komplexe System unserer Welt immer wieder Problemlösungen hervorgebracht hat, an die vorher gar niemand gedacht hatte.

War es beispielsweise für den Urmenschen keine Katastrophe, als er in den Bäumen nicht mehr genügend Platz fand und in die Steppe hinuntersteigen mußte, wo dann mit aufrechtem Gang, Sprache und Werkzeuggebrauch die Entwicklung zum Menschen einsetzte?

War es für den archaischen Menschen keine Katastrophe, als die räumliche Enge das Jäger- und Nomadensein unmöglich machte und er zur Landwirtschaft mit intensiver Bodennutzung übergehen mußte, woraus die menschliche Kultur im heutigen Sinne entstand?

Glücklicherweise gab es damals keine Futurologie und keine Weltuntergangsliteratur – sonst hätten die Urmenschen vor Angst wohl Selbstmord begangen.

Die Weltuntergangsliteratur ist vor allem deshalb schädlich, weil sie mit ihrem apokalyptischen Pessimismus die Rationalität und den Optimismus zerstört, die Voraussetzungen aller vernünftigen Problemlösungen sind.

Dieser apokalyptische Pessismismus trifft nicht nur Erwachsene mit Lebenserfahrung und psychischer Stabilität, sondern auch Jugendliche ohne Lebenserfahrung und in totaler Orientierungslosigkeit.

Was sich hierbei ergeben kann, zeigt z. B. die Reaktion einer Schülerzeitung auf den entsetzlichen Mord an Minister Karry im Jahre 1981. Da stand unter der Überschrift »Umweltfeind erschossen«:

> *»Karry war der skrupelloseste Verfechter der Umwelt – und damit menschenfeindlichen Politik der Hessischen Landesregierung . . . Seine Korruptheit zeigte sich auch in der Art und Weise, wie er eine atomare Wiederaufbereitungsanlage in Hessen durchzupowern versuchte . . .«*

Hier wird eine Jugend dazu verführt, all das zu zerstören, was ihre Existenz und Wohlfahrt begründen könnte. Sie merkt nicht, daß nach dieser Zerstörung gar nichts besser, aber alles viel schlechter wäre.

Wenn Erwachsene dieser Selbstzerstörung durch pseudorationale Argumente oder durch Psychologismus ein gutes Gewissen verschaffen, dann ist dies günstigstenfalls töricht und verantwortungslos – aber oft auch krimineller Opportunismus, der die Unerfahrenheit der Jugend für politische Zwecke mißbraucht.

Man muß unsere Jugend warnen vor den schmeichelnden Lügen alter Opportunisten.

Vergleicht man die Gefahren, welche die Weltuntergangsliteratur ausmalt, mit den Gefahren, die uns in der Lebenswirklichkeit tatsächlich bedrohen, dann entdeckt man ein bedenkliches Manko: Die Weltuntergangsliteratur sieht meist nicht die weltweit zunehmende Rechtlosigkeit und den Terror.

Weil sie diese kaum diskutiert, merkt sie auch nicht, daß sie selbst – die Weltuntergangsliteratur – eine der schlimmsten Quellen für Hoffnungslosigkeit, Terrorismus und Zerstörung der Rechtsstaatlichkeit ist.

Sie meint Diagnose oder gar Therapie des Weltuntergangs zu sein, dabei ist sie vor allem Ursache psychosozialer Fehlentwicklungen.

Grotesk ist es, wenn in manchen Publikationen der Weltuntergangsliteratur der wachsende Widerstand »der Jugend« gegen die bestehenden politischen und rechtlichen Strukturen als ein Beweis für den bevorstehenden Weltuntergang dargestellt wird.

Welche Verrücktheit! »Die Jugend« weiß originär gar nichts von dieser Welt und ihrem zukünftigen Schicksal – aber wenn man ihr ständig einredet, die bestehenden politischen und rechtlichen Strukturen führten sie in die Katastrophe, dann wird sie diese Strukturen zerstören wollen.

Diese angefachte Revolutionsstimmung wird im Zusammenhang mit dem drohenden Atombomben-Terrorismus zu einer ungeheuren Gefahr: Gegen den Atombomben-Terrorismus hilft nur gemeinsame Abwehr und fugenloses gegenseitiges Vertrauen – aber die Weltuntergangsstimmung beseitigt die Hemmungen, auch extreme Mittel einzusetzen.

Aber auch abgesehen von diesen extremen politischen Folgen muß man aus der gegenwärtigen geistigen Fehlentwicklung Schlimmes für unsere Technostruktur befürchten.

Konnte man einst stillschweigend davon ausgehen, daß Mitarbeiter industrieller Organisationen diesen loyal dienen, muß man in Zukunft mit einer wachsenden Zahl von Mitarbeitern – vor allem akademischer Mitarbeiter – rechnen, deren unausgesprochenes Ziel Systemveränderung ist.

Ich folge nicht der häufig vorgebrachten Meinung, dieses Problem löste sich in der Praxis von selbst – ich fürchte, daß große Schwierigkeiten in unserer Arbeitswelt entstehen werden, wenn ihr viele Mitarbeiter innerlich ablehnend gegenüberstehen.

Wer offenen Sinnes in die Hochschulen und Universitäten geht, den packt helles Entsetzen, wie hier eine Generation heranwächst mit minimalem Verstand für die Realität, vielfach vollgepumpt mit Haß gegen unsere Technostruktur und dem stupiden Glauben an ein zukünftiges Paradies, in dem es keine Organisation und kein technisches Sachwissen braucht.

Der Umweltschutz ist für unser dichtbesiedeltes und auf hochwertige Produktion angewiesenes Land von größter Bedeutung: Man muß in der Weltwerkstatt nicht nur arbeiten, sondern auch leben und sich wohlfühlen können.

Zur Lösung des Umweltschutz-Problems haben sich einige Tatsachen als feststehend ergeben:

1. Die liberale Organisation der Wirtschaft und Industrie braucht für dieselbe Produktion weniger Rohstoffe, Energie und menschliche Anstrengung als eine staatlich gelenkte Organisation und erzeugt auch weniger Umweltschäden.

2. Die Umwelt wird nicht durch Wachstum schlechthin zerstört, sondern durch Wachstum in falsche Richtungen. Wo hohe Wertschöpfung bei minimalem Ressourcenverbrauch angestrebt wird, kann zunehmender Wohlstand sogar bei abnehmenden Umweltschäden verwirklicht werden.

3. Der Umweltschutz erzeugt zusätzliche Kosten. Wie diese in einer marktwirtschaftlich organisierten

Volkswirtschaft aufgebracht werden sollen, ist noch ziemlich unklar.

Ein erster Versuch ist das Verursacherprinzip, durch das Umweltschäden in die interne Kostenrechnung eingebracht werden.

Neuere Vorschläge zielen auf die Ausgabe von Emissionszertifikaten, die marktwirtschaftlich ausgetauscht werden können, wodurch Umweltschäden minimiert werden könnten.

Sicher ist dies: Der Umweltschutz ist eine lebensnotwendige Aufgabe hochentwickelter Industriegesellschaften, die nicht moralisierenden Dilettanten überlassen werden darf.

Der gegenwärtig in unserem Lande so lautstarken Umwelt-Ideologie ist vor allem dieses vorzuhalten:

1. Die Erhaltung der Rechtsstaatlichkeit hat bei allen Umweltschutzbemühungen höchste Priorität: Ohne Rechtsstaatlichkeit wird weder dem Bürger noch der Umwelt Gerechtigkeit zukommen.

2. Jeder ernstzunehmende Umweltschutz muß rational betrieben werden: in Kenntnis der naturwissenschaftlich-technischen und ökonomischen Zusammenhänge, mit Weitsicht und Stetigkeit. Sprunghafte, emotionale Aktivitäten fördern die Umweltqualität nicht.

3. Der Umweltschutz muß immer als Kompromiß be-

trieben werden: Verhungern ist nicht besser als Ersticken – man muß beides vermeiden.

4. Schließlich muß der Umweltschutz als ein Teil der allgemeinen Politik betrieben werden – man kann die Welt nicht monokausal verstehen und nicht monoman organisieren.

Die meisten politischen Verrücktheiten unserer Zeit – seien es nun positive Visionen oder negative Schreckgebilde – werden mit Prognosen begründet: Wenn man dieses oder jenes nicht tut, dann – so sagen die Futuristen – ergeben sich schreckliche Folgen. Wenn man ihnen aber folge, dann würden diese Schrecken vermieden und Paradiese eröffnet.

Aber hüten wir uns: Die meisten Prognosen sind falsch – und es ist kein Fall bekannt, daß ein Futurist jemals die Verantwortung für die üblen Folgen seiner falschen Prognosen übernommen hätte.

Beispiele falscher Prognosen gibt es in Hülle und Fülle: Von den Weltuntergangsprognosen zu allen Zeiten (früher meist von »Propheten«, neuerdings meist von Ökologen oder Friedensforschern stammend) über des Herrn Malthus Prognose der unvermeidbaren Hungersnöte in Europa, Spenglers Untergang des Abendlandes bis hin zu Pichts Bildungskatastrophe.

Nicht zu vergessen Marxens Prognose des schrecklichen Endes des Kapitalismus und der Heraufkunft des kommunistischen Paradieses – statt dessen ist immer und regelmäßig der trostlose »real existierende Sozialismus« entstanden.

Beispiele falscher Prognosen gibt es viele – aber nur wenige Prognosen, die sich nachträglich als zutreffend erwiesen haben.

Das Ärgerliche an Prognosen ist, daß man sie zwar nachträglich leicht in Treffer und Nieten sortieren kann, aber im voraus nie weiß, ob eine bestimmte Prognose nun zu den zahlreichen Nieten oder zu den seltenen Treffern gehört.

In der Wirtschaft zeigt sich die Notwendigkeit vorausschauenden Denkens beispielsweise an versäumten Umstrukturierungen oder bei der Aufnahme neuer Techniken – wofür die Uhrenindustrie mit der versäumten Umstellung auf die Digital-Technik ein besonders herausragendes Beispiel ist.

Aber trotz aller wohlbegründeter Skepsis gegen Prognosen kommt man doch nicht ganz ohne sie aus: Unsere Lebenspraxis, z. B. unser wirtschaftliches Verhalten oder unser Verkehrsverhalten, setzt zwingend Vorstellungen darüber voraus, wie es wahrscheinlich weitergehen wird.

Vor allem für die Verantwortlichen in Staat und Wirtschaft ist die Abschätzung zukünftiger Abläufe unverzichtbar: Verantwortung besteht ja gerade darin, zukünftige Folgen seines Handelns abzuschätzen und zu vertreten. Planung ist geistige Vorwegnahme zukünftiger Vorgänge. Politische Führung beruht letztlich auf der zutreffenden Einschätzung zukünftiger Entwicklungen.

In dieser widersprüchlichen Situation – einerseits Fragwürdigkeit, andererseits Angewiesensein auf Prognosen – brauchen wir die Kunst des Vertrauens: Welchem können wir trauen und welchem können wir nicht trauen?

Für diese wichtige Unterscheidung gibt es fast keine Hilfe, dies ist die wichtigste Kunst des selbständigen Menschen in seiner komplexen Welt. Wie gut oder schlecht er diese Kunst beherrscht, entscheidet weitgehend über den Erfolg seiner Lebensführung.

Nur einen Rat kann man ihm geben: Mißtraue sensationellen Prognosen – die Wirklichkeit ist meist viel banaler, als ihre Ankündigungen erwarten machen.

Unsere Politik wird immer wieder dadurch desoptimiert, daß man aus den publizistischen Erfolgen von Prognosen auf ihre Glaubwürdigkeit schließt. Aber viele Prognosen nützen nur ihren Autoren – ihren Gläubigen bringen sie meist Schaden.

Unser Problem ist nicht die mutwillige Vergrößerung der realen Komplexität unserer Welt durch eine zusätzliche eingebildete Komplexität – unser Problem ist die Reduktion dieser Komplexität, und dies braucht manchmal auch den Mut zur Banalität.

Neuerdings werden von der Anwendung systemtheoretischer Methoden sensationelle Fortschritte der Prognostik versprochen.

Was ist »Systemtheorie«?

Als »System« wird eine Menge von Elementen verstanden, die in Wechselwirkung stehen und gedanklich von ihrer Umwelt abgegrenzt werden.

Solche »Systeme« sind oft recht brauchbare Modelle komplexer technischer, biologischer, sozialer oder wirtschaftlicher Gebilde.

Zur Berechnung ihres Verhaltens wurden geeignete mathematische Methoden entwickelt.

Hierbei können zukünftige Zustände des Systems dann richtig vorausgesagt werden, wenn zugleich

- das System abgeschlossen ist, wenn also keine unbekannten Störgrößen in dieses hineinwirken,

- das System determiniert ist, wenn also seine Elemente und Wechselwirkungen bekannten und gleichbleibenden Gesetzen gehorchen, und wenn

- das System so einfach ist, daß es vollständig analysiert werden kann.

Daß bei der Analysierbarkeit die enorme Leistungsfähigkeit moderner Computer große Fortschritte ermöglichte, sei ausdrücklich festgestellt – aber ebenso auch, daß mit zunehmender Komplexität der Modelle deren Übereinstimmung mit der Wirklichkeit immer fragwürdiger wird.

Mit den Weltmodellen des »Club of Rome« haben systemtheoretische Methoden eine enorme öffentliche

Beachtung gefunden – aber auch enorme öffentliche Verwirrung angerichtet.

Auch wenn man das systemtheoretische Vorgehen und den Entwurf von Weltmodellen im Prinzip für vernünftig und notwendig hält, erscheint doch deren öffentliche Mißdeutung höchst bedenklich: Derartige Modelle müssen mit großer Skepsis betrachtet und gedeutet werden – nach publizistischer Vergröberung können sie immenses Unheil anrichten.

Der Fachmann hat ein Gefühl dafür, wie stark sich die Voraussagen verändern, wenn Kleinigkeiten in den Voraussetzungen verändert werden – aber der Laie meint, was aus dem Computer herauskommt, das könne doch nicht falsch, das müsse doch die absolute Wahrheit sein.

In die Irre führt es, wenn Systemanalytiker gigantische Fortschritte der Prognostik versprechen. Hierzu werden immer wieder Beispiele vorgeführt, wie Fehlentwicklungen dadurch hätten vermieden werden können, daß man bestimmte Zusammenhänge im voraus bedacht hätte.

Auch hier sollte man wieder sehr skeptisch sein: Hinterher ist es meist leicht, die tatsächlich eingetretenen Verläufe durch systemtheoretische Zusammenhänge und Modelle zu deuten – aber im voraus ist es sehr schwer, wesentliche von unwesentlichen Einflüssen zu scheiden.

Deutlich gesagt: Nachträglich kann man für den tatsächlich eingetretenen Verlauf immer eine systemtheoretische Erklärung finden – aber man hätte auch für ganz andere Verläufe nachträglich systemtheoretisch plausible Erklärungen finden können.

Shakespeare in Macbeth:

> *»Wenn du schauen kannst auf die Saat der Zeit*
> *und daraus ersehen kannst, welches Korn reifen wird*
> *und welches nicht, dann sprich zu mir.«*

Die Einstellung zur Zukunft und damit die Lebensführung hängt wesentlich vom Glauben an Prognosen ab. Dies kann am besten durch Hinweis auf die Methoden des Optimierens in der Systemtheorie erläutert werden.

Bei diesen gibt es zwei grundsätzlich verschiedene Vorgehensweisen:

- Einerseits die stetige Verbesserung des Systems in kleinen Schritten. Dies ist eine risikolose Vorgehensweise, die aber nicht immer zum besten Zustand des Systems, sondern manchmal auch in ein Nebenmaximum führt.

- Andererseits kann man auch optimieren in Sprüngen, die zum Guten oder Schlechten ausschlagen können – ähnlich der Mutation und Selektion in der biologischen Evolution. Diese Methode hat den Vorteil, daß sie Nebenmaxima verlassen und das Hauptmaximum finden kann. Sie hat aber auch den

Nachteil, daß man bei den Sprüngen oftmals in schlechtere Zustände gerät und aus ihnen möglicherweise nicht mehr herauskommt.

Diesen Optimierungsstrategien entsprechen bestimmte Vorgehensweisen bei der praktischen Suche nach dem besten Weg in die Zukunft.

Welche der beiden Strategien bei der Lebensführung benutzt wird, hängt u. a. vom Glauben an Voraussagen ab: Wer nicht an sie glaubt, wird die konservative Strategie benutzen, bei der immer wieder mit Sicherheit kleine Verbesserungen erzielt werden können.

Wer jedoch davon überzeugt ist, die Folgen großer Sprünge zutreffend voraussagen zu können, macht leicht große Sprünge ins Unbekannte hinein.

Dieser Unterschied – Skepsis oder Glaube an Prognosen – bestimmt wohl auch den Gegensatz: konservativ oder progressiv.

Die Progressivität lebt vom Glauben an die Vorhersehbarkeit unserer Zukunft. Die Konservativität ist jedoch bestimmt durch die Erfahrung, daß die meisten Prognosen falsch sind und Fortschritte meistens darin bestehen, bekannte Nachteile gegen unbekannte Nachteile auszutauschen – und daß man hierbei oft einen schlechten Tausch macht.

Das Elend der Progressivitität ist, daß die Skepsis gegen Voraussagen meist spät kommt und vorher in blindem Aktionismus viel Schaden angerichtet wird.

Noch eine andere Einsicht bringt der Vergleich mit den Optimiermethoden der Systemtheorie: Wer einen »guten« Zustand seines Systems gefunden hat, der sollte mit Sprüngen ins Unbekannte hinein vorsichtig sein – für ihn sind Verluste viel wahrscheinlicher als für den Desperado, der nichts zu verlieren hat.

Wir sollten dies auch im Hinblick auf unsere res publica bedenken: Hier wurde ein sehr gutes politisches System verwirklicht, das seinen Bürgern viel Wohlstand und Freiheit gebracht hat. Es ist höchst unwahrscheinlich, daß wir durch sprunghafte Veränderungen Besseres finden – aber sehr wahrscheinlich, daß wir vieles schlechter machen und dann den Weg zum einstigen guten Zustand unseres Systems nicht mehr finden.

Aus dieser Sicht ist es auch konsequent, daß diejenigen, die Veränderungen um jeden Preis wollen, unser politisches System schlechter darstellen, als es tatsächlich ist.

H. v. Ditfurth verkündete (im Zweiten Deutschen Fernsehen) im Zusammenhang mit dem Wachstum der Erdbevölkerung deutschen Zuschauern:

> *»Wir müssen das Tabu überwinden, die Angst, die uns einreden will, ein Schrumpfen der Zahl von Menschen sei etwas Katastrophales.«*

Um diese Aussage richtig bewerten zu können, sei zuerst an einige Tatsachen erinnert: Nach Hochrechnungen der UNESCO wird die Erdbevölkerung von gegenwärtig etwa 4,5 Milliarden Menschen bis zum Jahre 2000 auf etwa 6,3 Milliarden zunehmen.

Aber zur gleichen Zeit nimmt die deutsche Bevölkerung unseres Landes ab: Wir haben die niedrigste Geburtenrate aller Völker.

Während in den Entwicklungsländern eine Bevölkerungsexplosion mit Nettoreproduktionsraten weit über 1 stattfindet, liegt diese in der Bundesrepublik weit unter 1.

Wenn sich die gegenwärtigen Verhältnisse nicht rasch ändern, dann wird die Bevölkerung unseres Landes bis zum Jahre 2030 um etwa zehn Millionen abnehmen.

v. Ditfurths Meinung mag deshalb für Entwicklungsländer angebracht sein, für unser Land ist sie gänzlich fehl am Platze.

Dabei ist auch noch zu bedenken, daß gleichzeitig mit der Abnahme der deutschen Bevölkerung Millionen Ausländer in unser Land strömen – und deren Geburtenrate weit über derjenigen der deutschen Bevölkerung liegt. Manchenorts in Deutschland werden ja schon mehr Ausländerkinder als deutsche Kinder geboren.

Wer sich vom Schrumpfen der deutschen Bevölkerung eine Erleichterung unserer Probleme erhofft, beispielsweise der Umweltprobleme, der irrt: Der freiwerdende Raum wird stetig und ständig durch nachströmende Ausländer ausgefüllt.

Aber auch weltweit würde das Schrumpfen der deutschen Bevölkerung wenig bringen: Selbst wenn alle 80 Millionen Deutschen Selbstmord begingen, dann würde dies noch nicht einmal das Weltbevölkerungswachstum in einem einzigen Jahr ausgleichen (1,9% von 4,5 Milliarden sind 85 Millionen).

Wenn es Lösungen der schweren weltweiten Zukunftsprobleme geben wird – seien es nun technische oder politische Lösungen –, dann kommen diese aus den hochentwickelten Ländern, deren Bevölkerung gegenwärtig rapide abnimmt.

Beispiele solcher Hilfen kennen wir ja aus der Vergangenheit: Welchen enormen Beitrag hat beispielsweise Justus von Liebig zur Ernährung geleistet, welche Beiträge leisten gegenwärtig Naturwissenschaft und Technik der hochentwickelten Länder, beispielsweise durch Bereitstellung hochwertiger Saatgüter, Viehrassen, effizienter Methoden der Landwirtschaft, zur Seuchenbekämpfung und Geburtenkontrolle!

Wenn die hochentwickelten Länder nicht wären: Woher käme dann die materielle Entwicklungshilfe, woher käme dann die Hilfe zur Selbsthilfe?

Aber ich halte die gegenwärtige Entwicklungshilfe nicht nur deshalb für töricht, weil sie

- Ressourcen von produktiven in unproduktive Länder lenkt – und

- eine weitere Bevölkerungsexplosion programmiert –

sondern vor allem deshalb, weil sie den Entwicklungsländern die Einsicht vorenthält, man könnte ohne eigene geistige Leistung aus einem unterentwickelten zu einem hochentwickelten Land werden; weil sie die Illusion erzeugt, durch materielle Hilfen könnte eine autonome geistige Entwicklung ersetzt werden.

Nein: Der hier notwendige Entwicklungsprozeß ist ein geistiger Prozeß, den kein anderer den unterentwickelten Ländern abnehmen kann.

Wir machen bei der Entwicklungshilfe denselben Fehler wie in der Bildungspolitik: Äußere Hilfe dort zu geben, wo nur innere Selbständigkeit hilft.

Deutschland war nach dem Zusammenbruch im Jahre 1945 materiell nahe dem Zustand eines Entwicklungslandes – aber es war wie eine gespannte Feder, geistige Höchstleistungen zu vollbringen und materiell wieder aufzubauen.

Es wäre grotesk, wenn ausgerechnet diejenigen Völker, welche die Lebensmöglichkeiten auf unserer Erde enorm verbessert haben und auch in Zukunft verbessern werden, von der Bildfläche verschwinden würden.

Es wäre eine groteske Folge der Weltuntergangspublizistik, wenn ausgerechnet diejenigen Völker, welche an sie glauben, verschwinden würden.

Ich möchte auch frank und frei dies sagen: Die Existenz des deutschen Volkes ist für mich mehr als eine statistische Frage.

Aber unter den gegenwärtig so deprimierenden Bedingungen – vor allem der erzeugten familienfeindlichen Stimmung und den wirtschaftlichen Nachteilen für kinderreiche Familien – ist ein weiteres Schrumpfen vorprogrammiert.

Lassen Sie mich dieses ganz deutlich sagen:

OHNE EINE WIRKSAME GEBURTENKONTROLLE IN DEN ENTWICKLUNGSLÄNDERN SIND VIELE WELTWEITE ZUKUNFTSPROBLEME UNLÖSBAR – ABER DAS AUSSTERBEN DES DEUTSCHEN VOLKES IST KEIN RATIONALER UND KEIN AKZEPTABLER WEG ZUR LÖSUNG DIESER PROBLEME.

Ich möchte dem großen Liberalen F. A. Hayek zustimmen:

> *»Gegen die Überbevölkerung gibt es nur eine Bremse, nämlich, daß sich nur die Völker erhalten und vermehren, die sich auch selbst ernähren können.«*

Der gegenwärtige Zeitgeist wird ihm Unmenschlichkeit vorwerfen, aber vermutlich würden unsere – dereinst in einer übervölkerten Welt lebenden – Nachfahren vieles darum geben, wenn wir Hayek und nicht dem gegenwärtigen lazaretthaften Zeitgeist gefolgt wären.

Der grundlegende Fehler der Weltuntergangsideologie ist die Gobalisierung der Problemlösungen: Die Erwartung, daß sich alle Menschen unserer Erde zu gemeinsamen Aktionen verbünden und – sogar gegen eigene Egoismen – diese Aktionen dann auch verwirklichen würden.

Viel wahrscheinlicher ist aber, daß die schweren Zukunftsprobleme ebenso gelöst werden wie alle früheren Probleme im Laufe der Evolution: durch Abweichung von der Gleichheit und Überleben der Tüchtigsten.

Hierbei werden wohl andere Formen der Auseinandersetzung als bei der biologischen Evolution wirksam werden, vor allem:

1. Die ideologische Auseinandersetzung, durch welche dem eigenen Verhalten ein gutes Gewissen und öffentliche Zustimmung verschafft wird,

2. die strategische Auseinandersetzung, durch welche den eigenen Absichten die besten Realisierungschancen geschaffen werden, und

3. der technische Konkurrenzkampf, mit dem zur Durchsetzung der eigenen Absichten die wirksamsten Mittel bereitgestellt werden.

Für den technischen Konkurrenzkampf wird es so wenig eine wirksame internationale Kontrolle geben wie es eine wirksame Rüstungskontrolle gibt oder jemals gegeben hat.

Die Globalisierung der Weltprobleme wird nicht nur erfolglos sein, sondern auch mögliche und notwendige Problemlösungen verhindern.

Wer auf weltweite, gemeinsame Aktivitäten zielt, der muß eine langfristige Überzeugungskampagne in aller Welt führen.

Dem, der seine psychische und politische Kraft für eine solche weltweite Kampagne einsetzt, bleibt keine Kraft zur Lösung der vor ihm liegenden konkreten Probleme – er wird sie weder erkennen noch anpacken.

So wird aus einer aktiven Welt eine agitierende Welt.

Vernünftiger ist es, konkret und sachlich *die* Probleme anzupacken, die vor uns liegen und die wir lösen können.

Dazu wird hier das Leitbild »Weltwerkstatt« vorgestellt, das durch folgende drei Überlegungen bestimmt ist:

- Erstens, daß wir in einer Welt mit immer schärfer werdender industrieller Konkurrenz, Terrorismus, Krisen und militärischen Auseinandersetzungen leben müssen,

- zweitens, daß es auch in Zukunft trotz aller Krisen und Auseinandersetzungen einen internationalen Austausch von Ressourcen und Produkten geben wird – und

- drittens, daß unser Land arm an natürlichen Ressourcen, aber reich an wissenschaftlich-technischer Kreativität ist und nichts als diese in den internationalen Austausch einbringen kann, um die uns fehlenden natürlichen Ressourcen zu erwerben.

Das Leitbild Weltwerkstatt unterscheidet sich von den vielen Visionen unserer Zeit dadurch, daß es im Rahmen der objektiven Möglichkeiten unseres Landes liegt, keine riskanten Sprünge ins Dunkel hinein braucht und Anweisungen für praktisches Handeln bringt.

Aber man mache sich hierüber keine Illusionen: Eine Jugend, die mit dem Rauschgift der Visionen aufgewachsen ist, wird nicht willig – und wohl erst nach schwerem Leidensdruck – das Schwarzbrot realistischer Leitbilder annehmen.

Was ist der Sinn eines solchen Leitbildes?

Ich meine dies: Die vielerlei Aktivitäten unseres Staates und unserer Wirtschaft orientieren sich mit Hilfe eines solchen Leitbildes an einer klaren gemeinsamen Absicht und werden dadurch besser miteinander verträglich – in die zeitliche Abfolge politischen und wirtschaftlichen Handelns kommt mehr Kontinuität.

Das Leitbild Weltwerkstatt könnte auch für das Bildungswesen Signalwirkung haben – beispielsweise zur Orientierung unseres Ausbildungssystems an den Bedingungen unserer Existenz.

Das Leitbild Weltwerkstatt steht in deutlichem und bewußtem Gegensatz zu einstigen politischen Leitbildern wie »Volk ohne Raum« und »militärische Großmacht«. Im Gegensatz zu diesen sucht das Leitbild Weltwerkstatt zukünftige Erfolge nicht auf Kosten anderer, sondern ausschließlich durch eigene Leistungen.

So könnte das bewußte Leitbild Weltwerkstatt auch einen Beitrag zur internationalen Entspannung bringen: unser Verhalten wird in noch höherem Maße berechenbar, es beruht auf der Absicht, sich mit besten Leistungen der internationalen Konkurrenz zu stellen – auf irgendwelche Gewaltanwendung jedoch endgültig zu verzichten.

Die Weltuntergangsideologie hindert uns daran, ernsthaft nach Lösungen unserer naheliegenden, konkreten Zukunftsprobleme zu suchen, beispielsweise der akuten Probleme der Informationsgesellschaft, ihrer automatisierten Produktion und ihrer Freisetzungseffekte.

Über diese Probleme wird viel zu wenig nachgedacht – und wir werden schließlich in Zeitnot falsche Wege einschlagen, beispielsweise uns innenpolitisch zerfleischen und unsere gemeinsamen Chancen vertun.

Bei diesen naheliegenden, konkreten Problemen sollten wir – ebenso wie bei den langfristigen, globalen Problemen – die Illusion aufgeben, wir müßten Lösungen für alle suchen.

Nein: Wir müssen Lösungen für unser Land suchen – und eines schickt sich nicht für alle.

Wir müssen auch einsehen, daß die Erhaltung unserer Existenz und Wohlfahrt komplexe Strukturen voraussetzt – komplexere, als daß sie von jedermann aktuell verstanden werden könnten.

Mit dieser Tatsache zu leben, braucht Vertrauen in Unverstandenes.

Ich möchte schließlich in aller Entschiedenheit der Behauptung widersprechen, wir stünden gegenwärtig in einer Zeit unlösbarer Probleme.

Frühere Zeiten lebten mit ähnlichen Ängsten, z. B. den Ängsten vor Hungersnöten, Krieg und Pestilenz.

Aber in früheren Zeiten verfügte man nicht über die enormen Möglichkeiten der modernen Technik und Medizin, die auch außerordentliche Gefahren zu meistern helfen.

Die Verbreitung apokalyptischer Ängste zerstört nur unsere Kräfte zur Meisterung zukünftiger Probleme.

Die Weltwerkstatt

Mißt man Politik daran, wie sie gegebene Chancen nutzt und drohende Gefahren meidet, dann muß man der deutschen Politik während der letzten hundert Jahre ein schlechtes Zeugnis ausstellen: Sie ist blindlings in schreckliche Gefahren hineingelaufen – hat aber bestehende Chancen nicht genutzt.

Die Chancen unseres dichtbesiedelten und rohstoffarmen Landes liegen in der Nutzung seiner Kraft zu Entdeckungen und Erfindungen.

Wer Existenz und Wohlfahrt unseres Volkes mit anderen Mitteln politisch sichern und mehren will, startet politische Abenteuer mit hohen Risiken. Laßt uns deshalb unsere Chancen nutzen, aus Entdeckungen und Erfindungen das beste zu machen!

Aber leider sieht es hiermit schlecht aus: Da will eine aggressive Minderheit »Alternativen« erzwingen, die sich vielleicht ein Krösus auf einer Südseeinsel leisten kann – und die zuständige Politik kommt vor lauter Krisenmanagement nicht zu einer erfolgreichen Langfrist-Strategie.

Zusätzliche Verwirrung erzeugt die Ölpreisexplosion. Da wollen uns nun manche einreden, die katastrophale Leistungsbilanz unserer Volkwirtschaft sei nur deren Folge.

Aber dies ist kaum die halbe Wahrheit.

Mit der Ölpreisexplosion hat es beispielsweise gar nichts zu tun, wenn auf unseren Straßen immer mehr ausländische Autos und Motorräder fahren und unsere Industrie auf dem Weltmarkt gegen die Konkurrenz ausländischer Rundfunk- und Fernsehgeräte, Computer und Digitaluhren, Film- und Fotogeräte nicht mehr ankommt.

Bedenklich sind hierbei vor allem Rückschläge auf zukunftsträchtigen Gebieten.

Die lebenswichtige Frage ist: Wovon sollen denn die vielen Menschen unseres rohstoffarmen Landes leben, wenn wir in der internationalen Konkurrenz immer weiter zurückfallen?

Es ist ja tatsächlich zu fürchten, daß wir noch weiter zurückfallen werden: Der Nährboden für wissenschaftlich-technische Erfolge wurde gröblich vernachlässigt – vielfach sogar zerstört.

Hierfür nur einige wenige Indizien: das schwindende Ansehen des deutschen Bildungswesens (z. B. Nichtanerkennung des deutschen Abiturs), der Niedergang deutscher Hochschulen durch Ideologisierung und Bürokratisierung, die negative Bilanz im internationalen Patentaustausch und die sinkende Zahl von Nobelpreisen, die in unser Land kommen.

Solche Veränderungen in den geistigen Grundlagen wirken sich erst mit großer zeitlicher Verzögerung in der technischen Konkurrenzfähigkeit aus – sind dann aber nicht mehr rückwirkend zu korrigieren.

Doch nicht nur das Absinken des geistigen Potentials ist gefährlich, sondern auch die Lähmung unserer Technostruktur durch Bürokratie und hysterisches Mißtrauen.

Einst – vor allem zu Zeiten des Wirtschaftswunders – hatte Erfolg, wer mit minimalem Aufwand die besten Produkte herstellte. Aber gegenwärtig kommt es vor allem auf das raffinierte Hindurchwinden durch bürokratische Irrgärten an.

Wer den Erfolg der Weltwerkstatt will – beispielsweise um die Arbeitslosigkeit zu mindern und das soziale Netz zu erhalten –, der sollte wieder den Zustand herstellen, bei dem sich die beste Technik durchsetzt – nicht die raffinierteste Steuererklärung oder der virtuoseste Schriftsatz.

Man sollte auch bemerken, daß diese bürokratische Last nicht der Willkür treuer Beamter entspringt, sondern die zwangsläufige Folge von Gesetzen ist, die Politiker beschlossen haben. Wenn diese sich dann mit bewegter Klage über die schlimme Bürokratie an die Öffentlichkeit wenden, dann ist dies reine Chuzpe: Mach liberale Gesetze, dann wuchert die Bürokratie nicht so unmäßig!

Ähnlich hemmend wie die wuchernde Bürokratie wirken auch viele Bürgerinitiativen, die hohe Milliardenbeträge für Investititionen blockieren. Zugegeben:

Manche Bürgerinitiative ist wohlbegründeter Ausdruck besorgter Mitbürger – aber viele Bürgerinitiativen entspringen auch dem puren Eigennutz oder gar Zerstörungswillen.

Wo ist der Politiker, wo sind die Institutionen, welche die Belange unserer res publica gegen Eigennutz und Zerstörungswillen verteidigen?

Das ständige Nachgeben unserer rechtmäßigen politischen Instanzen vor dem Geschrei der Straße zerstört nicht nur die Glaubwürdigkeit unserer Staatsordnung, sondern auch die Wirksamkeit unserer Technostruktur.

Meine Überzeugung ist: Wir leben gegenwärtig mit einer leistungsfeindlichen, genußorientierten, kurzsichtigen und realitätsfernen Ideologie von den Früchten der leistungsorientierten, asketischen, vorsorglichen und wirklichkeitsoffenen Philosophie unserer Vorfahren.

Aber deren Erbe geht jetzt zur Neige.

Dem drohenden Niedergang sollte man durch das bewußte Leitbild »Weltwerkstatt« entgegenwirken.

Das dominierende Organisationsprinzip der Weltwerkstatt muß sein:

MAXIMALE WERTSCHÖPFUNG
BEI MINIMALEM RESSOURCENVERBRAUCH

Dieses Organisationsprinzip findet seine Rechtfertigung nicht nur in den Bedingungen unseres dichtbesiedelten, ressourcenarmen Landes, sondern auch in der Rücksicht auf die Umwelt.

Hier ist Umweltpolitik keine nachträgliche Korrektur an einer ursprünglich umwelt*un*freundlichen Wirtschaftspolitik, sondern sie bestimmt ein umweltfreundliches Verfahren schon im Ansatz.

Dieses Organisationsprinzip zielt etwa auf das, was auch schon als »qualitatives Wachstum« – und »Entkopplung von Energieverbrauch und Wachstum« bezeichnet wurde.

Alle Realisierungen dieses Organisationsprinzips führen auf komplexe, intelligente Produktionen oder Dienstleistungen, für die der Beitrag von Materie und Energie gering, der Beitrag der Information jedoch groß ist.

Typisch hierfür ist die moderne Informationstechnik: Zur Herstellung ihrer winzigen Chips oder haardünnen Glasfasern braucht man nicht viel Material und Energie, aber viel Sachverstand.

Ähnliches gilt auch für hochwertige Produkte z. B. der Chemie, der Pharmazie, der Optik, des Apparatebaus, des Maschinenbaus usw.

In solchen intelligenten Techniken liegen unsere Zukunftschancen – nicht jedoch in material- oder energie-intensiven Produktionen, welche die knappen Ressourcen verbrauchen und unsere Umwelt belasten.

Unsere Chancen liegen nicht in primitiven oder altbekannten Techniken, wo uns halbentwickelte Länder mit niedrigen Lohnkosten aus den Märkten verdrängen – unsere Chancen liegen in höchstwertiger Technik.

Der Sinn obigen Organisationsprinzips liegt nicht in mathematischen Rechenübungen, vielmehr in der Orientierung bei Entscheidungen im politischen und industriellen Bereich: Man sollte bei solchen Entscheidungen nicht die Wertschöpfung schlechthin optimieren, sondern die relative Wertschöpfung – relativ zum Ressourcenverbrauch.

Natürlich kann man nicht alle ökonomischen Probleme mit obigem Organisationsprinzip lösen. U.a. ist folgende Unterscheidung nützlich:

- Einerseits *Konkurrenz-Aktivitäten,* die unsere internationale Konkurrenzfähigkeit bestimmen und für welche obiges Organisationsprinzip anzuwenden ist – und

- andererseits *Existenz-Aktivitäten,* die unsere Existenz unmittelbar und kurzfristig sichern (sei es nun durch Landwirtschaft, industrielle Produktion, Dienstleistung oder Verwaltung), wo obiges Organisationsprinzip nicht oder nur eingeschränkt angewandt werden kann.

Beispielsweise wäre es kurzsichtig, die heimische Landwirtschaft nur an ihrer internationalen Konkurrenzfähigkeit zu messen: Sollte einmal der internationale Austausch von Nahrungsmitteln gestört sein, dann werden wir froh sein, aus heimischer Produktion wenigstens teilweise ernährt werden zu können.

Für die Verwaltung, besonders die staatliche Verwaltung, sollte man m. E. auf höchste Rationalisierung verzichten. Diese führt leicht zu zentralen Computern und totaler Abhängigkeit von technischen Installationen und damit schließlich zu einer bedenklichen Abhängigkeit von technischen Störungen, Sabotage und Streik.

Man sollte in der staatlichen Verwaltung nicht der Rationalisierung höchste Priorität zuweisen, sondern der Bürgernähe und der Krisensicherheit. Dann baut man keine großen, zentralen Installationen auf, sondern kleine, dezentrale in Bürgernähe.

Bei den Existenz-Aktivitäten ist auch an mancherlei soziale Aufgaben zu denken, wie z. B. in der Bildung, Pflege von Alten und Kranken und Umweltschutz.

Hier können viele der durch Automatisierung freigesetzen Menschen Arbeit finden.

Aber unser Land muß vor allem konkurrenzfähige Produkte und Dienstleistungen höchsten Niveaus auf dem Weltmarkt anbieten und mit dem Erlös die uns fehlenden natürlichen Ressourcen kaufen.

Für diese Konkurrenz-Aktivitäten sind ganz andere Strategien zweckmäßig: Dort defensive und konservative Strategie, hier offensive und kreative Strategie.

Hierbei bemerkt man in den letzten Jahren das Ausbleiben grundsätzlich neuer Ideen. Kämen jetzt solche Innovationen wie z.B. das Auto, das Fernsehen, der Computer, dann kämen auch neue Erfolge in der internationalen Konkurrenz.

Es gibt aber keinen Grund für die Vermutung, vergleichbare Innovationen seien in unserer Zeit nicht mehr möglich. Aber man muß den Boden hierfür vorbereiten und darf aufkeimende Innovationen nicht ersticken.

Das Prinzip »Maximale Wertschöpfung bei minimalem Ressourcenverbrauch« darf nicht absolut verstanden werden, sondern muß mancherlei Kompromissen mit anderen Grundsätzen unterworfen werden, so vor allem:

- Dem Grundsatz der Krisenfestigkeit:

Die Welt-Werkstatt muß vielerlei Vorsorgen gegen Störungen treffen – nicht nur durch Vorratshaltung und Diversifikation – sondern auch durch Verminderung der inneren Störanfälligkeit. Bisher führte ja der technische Fortschritt zu immer mehr Abhängigkeit von zentralen Infrastrukturen, z.B. Ernährung, Energie, Verkehr, Information usw. – und damit zu immer größerer Empfindlichkeit gegen technische Störungen, Streik, Sabotage, Terror usw. Diesem Trend zu immer mehr Abhängigkeit von empfindlichen Infrastrukturen muß entgegengewirkt werden, man muß eine robuste Technostruktur anstreben, die auch in unruhigen Zeiten funktionsfähig bleibt.

- Dem Grundsatz des Realkontaktes der Technostruktur:

Würde man obigem Organisationsprinzip der Welt-Werkstatt uneingeschränkt folgen, dann käme man zur ausschließlichen Produktion von Patenten und Blaupausen. Eine solche abstrakte Informationsproduktion kann aber nicht leben ohne den ständigen, unmittelbaren Kontakt mit der technisch-wirtschaftlichen Realität.

Beispielsweise müssen viele Techniken erst im eigenen Lande erprobt werden, bevor sie auf dem Weltmarkt erfolgreich angeboten werden können. Ausländische Kunden wollen zuerst Beweise des Könnens, bevor sie Aufträge erteilen.

- Dem Grundsatz liberalen Wirtschaftens:

Das dominierende Organisationsprinzip der Welt-Werkstatt darf nicht als Lenkungsprinzip staatlicher Instanzen mißdeutet werden, sondern sollte selbständige Innovationen und unternehmerische Initiativen stimulieren.

Diese anzuregen hat der Staat mancherlei Möglichkeiten, z. B. steuerlicher Art.

Die Weltwerkstatt muß vielen Menschen außer dem Arbeitsplatz auch eine lebenswerte Heimat sein.

Hierzu müssen die unerfreulichen Folgen der Produktion – vom Lärm bis zur Verschmutzung von Luft und Gewässern – mit den intelligentesten Methoden vermieden, minimiert oder von den Wohnstätten ferngehalten werden.

Typische Ansätze zur Lösung dieses Problems sind die Planungsdefinitionen

Wohngebiete,
Mischgebiete – und
Industriegebiete

und die Festlegung von Immissionsrichtwerten sowie der dazugehörigen Meß- und Rechenmethoden.

Die Organisation der Weltwerkstatt muß m. E. viel mehr Scharfsinn als bisher aufwenden, um die Lebensbedingungen trotz hoher Produktionsdichte und starken Verkehrs günstig zu gestalten.

So wäre schon durch eine zweckmäßigere Steuergesetzgebung der Lärm auf unseren Straßen zu vermindern: Wäre es auf unseren Straßen nicht leiser, wenn man durch das Steuersystem nicht den Trend zu kleinem Hubraum der Motoren gefördert hätte?

Aber auch sonst gibt es vielerlei Möglichkeiten, Umweltschäden zu vermindern, beispielsweise durch Ersatz materiellen Verkehrs durch elektrische Telekommunikation.

Die Probleme des Umweltschutzes können in der Weltwerkstatt nicht mit technikfeindlichen Fehlreaktionen gelöst werden, sie brauchen vor allem eine bessere Technik:

- Produktionen, die mit wenig Ressourcen hohe Wertschöpfung ermöglichen,

- Verminderung der Schadstoff-Emissionen, verbesserte Methoden des Nachweises, der Signalisierung und Beseitigung von Schadstoffen,

- Produktion von Werkstoffen, die in unschädliche Bestandteile zerfallen,

- Fortschritte beim Recycling: der Wiedergewinnung von Rohstoffen aus Abfällen. Z. B. könnte die moderne Mikroelektronik dazu verwendet werden, die gigantischen Abfallmengen der modernen Industriegesellschaft zu entmischen.

- Schließlich sollten Umweltbanken und Abfallbörsen bewirken, daß Abfälle optimal wiederverwendet oder deponiert werden.

Das Leitbild »Welt-Werkstatt« ist mehrfach verschränkt mit der »Informationsgesellschaft«:

Vor allem hängt die Effizienz der Weltwerkstatt von der Nutzung hochwertiger Informationstechniken ab. Vielfach zeigt es sich auch, daß Energie oder Rohstoffe durch Anwendung hochwertiger Informationstechniken eingespart werden können.

Ein zentrales Thema der Welt-Werkstatt ist die Automatisierung: Der Ersatz des Menschen durch Computer bei der Kontrolle von Maschinen.

Vor den Problemen der Automatisierung verharren wir gegenwärtig oft in einer recht unentschlossenen Haltung:

- Einerseits zwingt uns die Konkurrenz zur Automatisierung – aber

- andererseits betreiben wir diese nur halbherzig wegen ihrer sozialen Folgewirkungen, vor allem der Freisetzung von Arbeitskräften.

Diese unentschlossene Haltung führt leicht dazu, daß wir – wie Buridans Esel – weder die Überlegenheit durch perfekte Automatisierung erringen, noch die Arbeitsplätze erhalten.

Die gegenwärtigen Auseinandersetzungen um dieses Problem sind ziemlich unredlich:

- Die einen behaupten (vermutlich oftmals wider besseres Wissen), die Freisetzungsfolgen der Automatisierung seien unerheblich. Nein: Sie werden erheblich sein!

- Die anderen behaupten (vermutlich oftmals wider besseres Wissen), wir könnten auch ohne Automatisierung unser soziales Netz in Zukunft noch finanzieren. Nein: Dies können wir sicher nicht!

Es ist eine wichtige politische Aufgabe, das gegenwärtige Schattenboxen mit verlogenem Zweckoptimismus und Zweckpessimismus zu beenden und eine rationale Strategie zu verfolgen: Entschlossen höchste Überlegenheit durch perfekte Automatisierung und zugleich vorausschauend Maßnahmen zur Wieder-Beschäftigung der Freigesetzten zu planen.

So könnten sowohl die Mittel für das soziale Netz erarbeitet als auch die sozialen Schäden klein gehalten werden.

Notwendig sind hierfür vorausschauende Analysen, wo die Freigesetzten Arbeit finden können. Zu bedenken ist beispielsweise:

- Im industriellen Sektor entstehen zusätzliche Arbeitsplätze durch den Umweltschutz und das Recycling,

- im Dienstleistungsbereich sollte ein besseres Angebot geschaffen werden, z. B. für Bildung und Ausbildung, Pflege von Alten und Kranken usw.,

- im quartären Sektor, der durch Ästhetik, Ethik und Religion gekennzeichnet ist, dürften mit der Individualisierung der Kommunikation und der Freizeitgewohnheiten Arbeitsplätze entstehen.

Auf jeden Fall sollten Arbeitsplätze sinnvoll sein – sinnlose Arbeitsplätze schaffen weder Vertrauen noch Menschenwürde.

Bei den sinnlosen Arbeitsplätzen sollte man nicht nur an den vielzitierten Heizer auf der Elektrolok denken, sondern auch an die vielen jungen Menschen, die man leichtfertig an unbezahlbare Hochschulen lockt, um sie dort für Berufe auszubilden, in denen sie nicht gebraucht werden.

Was uns die sogenannte »Bildungsreform« der letzten Jahre gebracht hat, ist zur Lösung der zukünftigen Probleme ganz unbrauchbar:

Wir haben zu viele Absolventen in Studienrichtungen, die gegenwärtig als schick gelten, aber zu wenig Absolventen in Studienrichtungen, die unsere zukünftige Konkurrenzfähigkeit begründen, vor allem Ingenieure, Wirtschaftsingenieure, Physiker und Chemiker.

Die Forderung klingt banal – aber sie ist im Kreise von Bildungsreformern ja gar nicht selbstverständlich: Das Bildungssystem muß sich den zukünftigen Bedingungen unserer Existenz stellen und darf nicht länger eine Spielwiese versponnener Theoretiker sein!

Wir brauchen zur Meisterung unserer zukünftigen Probleme auch das gegenseitige Vertrauen – anders sind unsere Probleme nicht zu lösen. Die Notwendigkeit gegenseitigen Vertrauens zeigt sich vor allem in der Arbeitswelt: Arbeitsteilung, liberale Zusammenarbeit und Konfliktideologie sind unvereinbar miteinander. Nur unter Verzicht auf die Konflikt-Ideologie ist eine hochwertige Produktion bei liberaler Zusammenarbeit möglich.

Um nicht mißverstanden zu werden: Ich möchte kein Harmonie-Modell anpreisen – ein solches ist bei den bestehenden Interessengegensätzen utopisch. Aber man sollte diese Interessengegensätze nicht – wie bei uns schon geschehen – zur Grundlage der Staatsphilosophie machen, sondern sich bewußt sein, daß ein Erfolg für uns alle nur und ausschließlich gemeinsam errungen werden kann – nicht aber bei ständigen Konflikten.

Es besteht ein enger Zusammenhang zwischen Optimismus und Wachstum des Bruttosozialprodukts. Vergleicht man z. B. die Verlaufskurve des wertberichtigten Bruttosozialprodukts der Bundesrepublik Deutschland mit der Verlaufskurve des Optimismus (nach Erhebungen des Allensbacher Instituts für Demoskopie), dann zeigt sich eine starke Korrelation, wobei – entgegen der naheliegenden Annahme – *nicht* der Optimismus dem Wachstum, sondern das Wachstum dem Optimismus folgt.

Wenn man dies verallgemeinert – und ich meine, man kann dies mit einer gewissen Vorsicht auch tun –, dann kommt man zu der Vermutung:

Optimismus vergrößert unseren zukünftigen Wohlstand – aber
Pessimismus vermindert unseren zukünftigen Wohlstand.

Wohlgemerkt: Ich vermute nicht, man könnte objektiv unlösbare wirtschaftliche Probleme durch Optimismus kurieren – z. B. Öl durch Optimismus ersetzen –, wohl aber vermute ich, daß eine verbreitete positive oder negative Stimmung objektiv bestehende positive oder negative Möglichkeiten verstärkt.

Dies zeigt sich vor allem an der Energieversorgung.

Neuerdings wird von »Fortschrittlichen« oftmals triumphierend festgestellt, der tatsächliche Energiebedarf unseres Landes sei hinter einstigen Erwartungen zurückgeblieben. Daraus leiten sie ab, die Energieexperten könnten offensichtlich den zukünftigen Bedarf gar nicht richtig berechnen – ja sie machten absichtlich zu hohe Ansätze, um der Öffentlichkeit listig die Notwendigkeit profitabler Kraftwerksbauten einreden zu können.

Tatsächlich ist die Lage aber eine ganz andere:

- Das Zurückbleiben unseres Energiebedarfs hinter einstigen Prognosen ist eine für uns alle unerfreuliche Folge der ungünstigen Wirtschaftsentwicklung – und

- diese ungünstige Entwicklung ist u.a. eine Folge der Demagogie der letzten Jahre: Man kann eine gesunde Wirtschaft auch durch Pessimismus krank machen.

Hätten wir mehr Tatkraft und Optimismus aufgebracht, dann wäre unsere Wirtschaft und unser Energieverbrauch nicht so weit hinter einstigen Erwartungen zurückgeblieben – und dann hätten wir z. B. auch nicht so viele Arbeitslose.

Genau genommen ist der Begriff »Energie« doppeldeutig:

- Normalerweise meint man in unserer Zeit hiermit die physikalische Arbeitsfähigkeit, die durch Kohle, Erdöl, Erdgas, Wasserkraft oder Kernreaktoren bereitgestellt werden kann – aber

- andererseits bezeichnet der Begriff »Energie« auch die psychische Eigenschaft, die ein altes Lexikon so erklärt:

  »Willenskraft, Thatkraft, d.h. die Fähigkeit, seinen Willen auch mit der That kräftig zu beweisen.«

Die Weltwerkstatt ist auf »Energie« in beiderlei Sinne angewiesen.

Die Konkurrenzfähigkeit der Weltwerkstatt ist kein statischer Besitz, der auf Dauer beispielsweise durch Patente abgesichert werden könnte: Sie muß ständig durch kreative Produkte erneuert werden – durch neue Entdeckungen, Erfindungen, Organisationsformen usw.

Hochkomplexe, intelligente Produktionen verändern sich sehr rasch, hier kann man nicht auf Erfolgen ausruhen, sondern muß immer wieder neue Fortschritte machen, durch die man den kommenden Fortschritten der Konkurrenten erneut überlegen sein wird.

Die kreative Produktion ist durch vielerlei Bedingungen bestimmt, beispielsweise durch die Motivation, bildungspolitische, wirtschaftliche und sozialpolitische Bedingungen.

Aber Kreativität kann nicht staatlich dekretiert werden: Das beste, was der Staat hier tun kann, ist die Beseitigung von Hemmnissen, vor allem bürokratischen Hemmnissen, und die Schaffung von Anreizen.

Man sollte Kreativitätsförderung nicht nur als Aufgabe der Bürokratie verstehen, sondern auch in das öffentliche Bewußtsein hineintragen – beispielsweise durch Veranstaltung von »kreativen Foren«, bei denen kreative Menschen, Erfinder, Entdecker usw. die Chance bekommen, ihre Vorschläge vor einem sachverständigen Forum auszubreiten – wobei ihnen nicht nur Schutz gegen Diebstahl geistigen Eigentums, sondern (bei Brauchbarkeit) auch Hilfe zur Verwirklichung garantiert wird.

Technisch-wirtschaftlicher Erfolg braucht die Motivation, die Max Weber einst als »innerweltliche Askese« bezeichnet hat: Rationalität, Verzicht auf Luxus, Weiterbau auf dem bisher Erarbeiteten.

Kreativität braucht auch den Mut, Schritte ins Unbekannte hinein zu tun, und den Optimismus, der im Widerspruch zum vorherrschenden Pessimismus glaubt, daß er die Probleme der Zukunft lösen kann.

Aber wie selten findet man bei uns einen solchen Optimismus! Man glaubt den apokalyptischen Visionen des »Club of Rome«, folgt dem neomarxistischen Technikhaß und bekennt sich zur Erbsünde jeglicher

Technik. Da bleibt nichts mehr von dem Optimismus, der mit einer besseren Technik die Mängel der gegenwärtigen überwindet, da bleibt auch keine Begeisterung für junge Menschen, da entsteht lähmende Resignation.

Die Technik hat ihr gutes Gewissen verloren.

Der gegenwärtige Zustand unseres Bildungswesens ist kaum geeignet, die kreative Produktion zu fördern.

Wenn beispielsweise Schüler bis zum vierzehnten Lebensjahr praktisch nichts von der Technik erfahren (und wenn doch, dann im Zusammenhang mit der Umweltzerstörung und »kapitalistischer Ausbeutung«), dann werden sie kaum dazu motiviert, an der Weiterentwicklung von Naturwissenschaft und Technik mitzuarbeiten.

Durch die Abwertung der Naturwissenschaft entstand die Ignoranz und Verführbarkeit, welche die Kinderkreuzzüge gegen Kernkraftwerke möglich machte.

Die verbreitete Technophobie hat u. a. dazu geführt, daß die Berufsstruktur sich immer weiter von den Notwendigkeiten unseres Landes entfernt hat.

Wir haben gegenwärtig viele Arbeitslose und zugleich einen krassen Mangel an Qualifizierten, vor allem in technischen Berufen, seien es nun Facharbeiter oder Ingenieure.

Es ist ganz abwegig, das Arbeitslosenproblem durch

Verkürzung der Arbeitszeit lösen zu wollen: Die fehlenden Ingenieure können eben nicht durch überschüssige Soziologen ersetzt werden!

In diese groteske Situation führte u. a. die Abwertung der Leistung: Wie amüsant sind manche akademischen Modefächer, verglichen mit dem harten Studium der Naturwissenschaft, Mathematik, Technik, Wirtschaft, Informatik usw.!

Wir können unter den voraussehbar harten Bedingungen der Zukunft nichts anfangen mit den Heerscharen frustrierter Akademiker mit zwei linken Händen – wir brauchen mehr hochwertige Facharbeiter und eine hochwertige technische Intelligenz!

Die Philosophie der Welt-Werkstatt muß vor allem wieder ein vernünftiges Verhältnis zur Leistung begründen: Keine Gesellschaft kann jemals mehr geben, als sie leistet – und kein anderes Bewertungskriterium ist sozial so gerecht wie die Leistung.

Bedenklich wirkt hier der Egalitarismus, der die Gleichheit aller unterstellt oder anstrebt.

Ihm muß entgegengehalten werden, daß die Kreativität verschiedener Menschen sehr unterschiedlich ist und ein hohes Niveau nur dort entsteht, wo den Besten der größte Einfluß eingeräumt wird: Wer gute Arbeit geleistet hat, dessen Wort hat Gewicht.

Verheerend wirkt hier schon die Einebnung akademischer Grade und die Erzeugung großer Mengen von

»Discount-Professoren«: Hier werden Dünnbrettbohrer herangezogen.

Der Egalitarismus schadet auch, wenn er ideologische Vorurteile zur Norm für alle macht, beispielsweise Naturwissenschaftler und Techniker in soziologische Klippschulen zwingt. Wir müssen hier dem als »Fachidioten« diffamierten Spezialisten beistehen: Auf ihn und seine Leistungen sind wir zwingend angewiesen.

Was wir nicht brauchen, ist die massenhafte Verteilung von Diplomen an frustrierte Unbegabte, die mit Not vielfach reduzierte Anforderungen gerade noch erfüllt haben.

Was wir dagegen brauchen, sind Elite-Universitäten, in denen Höchstqualifizierte nicht nur internationales Niveau erreichen, sondern dieses vorgeben.

(Um voraussehbaren Vorwürfen vorzubeugen: Die einzigen Privilegien der Elite-Universität sollten die größeren Leistungen sein – dazu auch noch mehr Freiheit von bürokratischer Bevormundung.)

In Elite-Universitäten sollten hochwertige Wissenschaftler mit ausreichenden Forschungsmitteln in kontemplativer Ruhe, gegenseitigem Vertrauen und Schutz vor Verletzungen arbeiten können.

Elite-Universitäten sollten auch freigehalten werden von dem Gremien-Chaos und Reform-Wahn, der die »normalen« Universitäten so sehr behindert.

Die gegenwärtige Organisation unserer Universitäten

ist exakt das Gegenteil dessen, was man im Interesse höchster Kreativität braucht: Hier herrschen Egalitarismus und pedantische Bürokratie – gebraucht wird aber die Förderung außerordentlicher Leistungen und gegenseitiges Vertrauen.

Verhängnisvoll ist die Kontrolle wissenschaftlicher Arbeit nach dem Gesichtspunkt »gesellschaftlicher Relevanz«: Die meisten großen Entdeckungen und Erfindungen aller Zeiten stießen zunächst auf das gänzliche Unverständnis der umgebenden Sozietät – häufig auf deren Mißtrauen oder gar Haß. Wenn man tatsächlich solche Beurteilungskriterien in den Wissenschaftsbetrieb einbringen will, dann sollte man zuerst einmal prüfen, wieviel Frustration und Neurotisierung Soziologismus und Psychologismus bei uns verursacht haben.

Ein gefährlicher Irrtum ist auch die Annahme, in unserer Zeit sei kreative Leistung Sache von Teams, nicht jedoch von hervorragenden Individuen.

Diese – von »progressiven« Soziologen vielfach aufgestellte – Behauptung steht im Gegensatz zu den Erfahrungen, die in der wissenschaftlich-technischen Praxis immer wieder gemacht werden: Der kreative Funke kommt regelmäßig von einem identifizierbaren Individuum. Allerdings braucht dieses zur Verwirklichung seines kreativen Gedankens häufig ein Team.

Voraussetzung technisch-wirtschaftlicher Erfolge ist auch der tüchtige Meister, der hochwertige Manager. Für ihn gibt es keine 40 oder 35 Wochenstunden, da sind 60 oder 80 Stunden und schlaflose Nächte die Regel. Auf seine außerordentlichen Arbeitsleistungen ist unsere zukünftige technisch-wirtschaftliche Kreativität angewiesen.

Verhängnisvoll wirkt sich hier die Tendenz aus, alle Risiken den Unternehmern zuzuschieben: Es ist einfach unmoralisch, die Risiken der gemeinsamen Arbeit auf den Tarifpartner abwälzen und mit Besitzstandsgarantien risikolos leben zu wollen.

Nur wer Risiko übernimmt, kann Mitverantwortung und Mitbestimmung beanspruchen.

Und wo Risiken keine Gewinne mehr versprechen, sind Investitionen nicht mehr zu erwarten.

Ein soziales Netz, bei dem Faulheit folgenlos ist und Leistungen nicht mehr lohnen, zerstört die kreative Produktion, den allgemeinen Wohlstand und ist deshalb höchst unsozial.

In der Geschichte eines international erfolgreichen Unternehmens der Elektrotechnik fand ich den Bericht, wie seine beiden Gründer vor sechzig Jahren mit eigener Hand – als »Reutlinger Edelmonteure« – auf den Dächern Hochantennen aufgebaut haben, was ja eine gefährliche, anstrengende und schmutzige Arbeit ist.

Dies erscheint heute beinahe unglaublich: Da haben doch zwei akademische Diplom-Ingenieure sich nicht gescheut, selbst zuzupacken und auch Dreckarbeit selbst auszuführen!

Diese Einstellung steht im totalen Gegensatz zur heute vorherrschenden Meinung, lästige Pflichten und unangenehme Arbeiten dürften jungen Leuten doch gar nicht zugemutet werden – junge Leute müßten studieren, damit sie nicht mit Arbeit, Material, Anstrengung, Schmutz und Risiko zusammenkommen. Es wäre ein Gewinn für unsere Bildungspolitik, wenn man ein bißchen an den »Edelmonteur« denken würde!

Glaube niemand, das gegenwärtige Leistungsdefizit unserer Volkswirtschaft sei eine einmalige Angelegenheit und wir könnten in Kürze wieder weitermachen wie bisher!

Wenn wir jetzt den Kurs nicht bewußt korrigieren, dann werden wir Jahr um Jahr ein ähnliches oder gar noch größeres Leistungsdefizit erleben und in eine gigantische Verschuldung geraten, aus der wir ohne Staatsbankrott überhaupt nicht mehr herauskommen können.

Dieser Staat ist unser Staat

Unser Staat – der nach Diktatur, Krieg und Zusammenbruch von verantwortungsbewußten Männern wie Konrad Adenauer, Theodor Heuss, Ludwig Erhard und Carlo Schmid aufgebaut worden war und durch sein Grundgesetz und die Soziale Marktwirtschaft bestimmt ist – wird sehr widersprüchlich beurteilt:

- Wer dieses politische System mit anderen realisierten Systemen (sei es nun in Ost oder West oder zu früheren Zeiten) vergleicht, der erkennt seine Vorzüglichkeit – es hat uns einen hohen Wohlstand und viel Freiheit gebracht.

- Aber seine interne Beurteilung – vor allem durch die »fortschrittliche« Publizistik oder die in den Universitäten vorherrschende Stimmung – ist extrem schlecht. Folgt man ihr, dann leben wir in einem abscheulichen und ungerechten System, dessen Überwindung unsere wichtigste Aufgabe ist.

Diese negative Einstellung wird nur von einer winzigen Minderheit unseres Volkes getragen, während die große Mehrheit positiv zu unserem Staate steht. Dies zeigen eindeutig freie und geheime Wahlen, bei denen diejenigen Parteien große Mehrheiten finden, die auf dem Boden unseres Grundgesetzes stehen.

Aber die winzige, unser gutes politisches System bekämpfende Minderheit bestimmt große Teile der veröffentlichten Meinung in unserem Lande. Grotesk ist dabei ihr häufig vorgebrachter Anspruch, im Namen der Demokratie gegen unseren Staat zu kämpfen.

Über diese pseudodemokratische Intellektuellen-Ideologie gibt es keine Erhebungen – sie kann man nur an konkreten Beispielen zeigen.

Hierzu möchte ich verkürzt wiederholen, was ich andernorts (Welt am Sonntag 17. 8. 80) geschrieben habe.

Extremes Beispiel der meinungsmachenden Feindschaft gegen unseren Staat ist der Staatspoet Heinrich Böll, dem schon vorgeworfen wurde – wie ich meine, mit guten Gründen –, er habe den Boden der Gewalt gegen unser gutes politisches System durch den »Ungeist der Sympathie mit den Tätern gedüngt«.

Es ist kaum zu bestreiten, daß Bölls Buch »Die verlorene Ehre der Katharina Blum« wenig Sympathie für unseren Rechtsstaat, aber immense Sympathie für Rechtsbrecher erzeugt – und daß Bölls Vergleich der Terroristen mit Widerstandskämpfern unerträglich ist.

Dies halte ich für feststehend: Ohne Böll und seine ideologischen Mitläufer hätte der Terrorismus in unserem Lande kein so gutes Gewissen, ohne ihn wären nicht so viele junge Menschen diesem Irrsinn verfallen.

Über diese aktuelle Fehlleistung hinaus halte ich Bölls

Subjektivismus in Moral und Sprachgebrauch für politisch gefährlich.

Unbestritten: Böll ist Moralist – aber er produziert eine Moral ganz besonderer Art:

- die ihre verheerende Wirkung in der Realität verleugnet und sich an ihren Erfolgen in den Massenmedien berauscht,
- die Jahrtausende Nachdenken über Moral und Sittengesetz ignoriert und die eingebildete Moral eines Literaten zum Maßstab erhebt,
- alle Widersprüche überheblich hinwegwischt – und beim gegenwärtigen Zustand unserer Massenmedien auch unwidersprochen wegwischen kann.

Jede annehmbare Moral muß Verantwortung für ihre Folgen übernehmen. Aber mit Bölls Moral kann man nur Gazetten füllen, nicht jedoch in rechtsstaatlich geordneter Form zusammenleben und auch nicht die Probleme unserer riskanten Zukunft lösen. Böll schafft ein literarisches Beiwerk für jene realitätsferne Ideologie, die meint, man könnte die »bürgerliche Logik« überwinden und rechtsstaatliche Normen als faschistoid abtun.

In dieser realitätsfernen Ideologie spielt der schwere Kampf um unsere zukünftige Existenz so wenig eine Rolle wie die weltpolitische Auseinandersetzung, die Gefahren zunehmender Bürokratisierung so wenig wie die Meinungsmanipulation in unseren Massenmedien.

Bölls Moral hat einen einzigen Ausgangspunkt: den Kampf gegen den Faschismus, den er seinerzeit nicht führen konnte, und den er jetzt – mit fünfzig Jahren Verspätung – wie ein Don Quichotte nachträglich führt.

In dieser monomanen Fixierung werden ihm die ganz andersartigen Probleme unserer Gegenwart und Zukunft überhaupt nicht bewußt.

Wenn sich diese Böllsche Privatmoral in unserem Lande noch weiter ausbreitet – was angesichts seiner vielen publizistischen Mitläufer zu befürchten ist

- dann lösen sich die Normen der Rechtsstaatlichkeit immer weiter auf,

- dann werden wir immer unfähiger, unsere schweren Zukunftsprobleme zu lösen,

- dann spaltet sich unsere Sozietät immer weiter in zwei Klassen auf, deren eine arbeitet und Verantwortung trägt, deren andere kritisiert und keine Verantwortung trägt.

Aber nicht nur Bölls Wirkung auf die moralische Entwicklung unseres Landes, sondern auch seine Wirkung auf die soziale Kommunikation ist höchst bedenklich.

Eine rationale Kommunikation setzt voraus, daß der Sender Signale benutzt, mit denen der Empfänger eindeutige Bedeutungen verbindet. Ein kluger Mann meinte einst, man könne klar sagen, was immer man überhaupt sagen kann.

Aber Bölls Aussagen müssen immer wieder nachträglich interpretiert werden. Da sprach er einst von »frei herumlaufenden Raubtieren« – und wohl alle bezogen dies auf die Unternehmer.

Nachdem ihm ein befreundeter Unternehmer milde widersprochen hatte, redete sich Böll heraus: *»Ich hätte es nie und nimmer riskiert, diesen zoologischen Terminus irgend jemand persönlich aufzuerlegen.«* So rätselt man, wen er denn nun eigentlich gemeint hat.

Böll sagte einst: *»Dort, wo der Staat gewesen sein könnte oder sein sollte, erblicke ich nur einige verfaulende Reste von Macht, und diese offenbar kostbaren Rudimente von Fäulnis werden mit rattenhafter Wut verteidigt.«* Aber er wehrt sich wortreich gegen den Vorwurf, er habe unseren Staat verächtlich gemacht.

Gerichtsinstanzen und auch linke Politiker haben Böll hier widersprochen wegen seiner verschwommenen Begriffe und seiner pauschalen Verdächtigung ganzer gesellschaftlicher Gruppen.

Diese Böllsche Ideologie, dieser Subjektivismus in Moral und Sprache machen Böll so gefährlich für unsere Zukunft: Mit ihnen geraten wir auf die ideologische Rutschbahn, deren Ende keiner kennt.

Aber Böll ist ja nur die Spitze dieses Eisbergs – Unzählige eifern ihm nach.

Bölls besondere Gefährlichkeit liegt in seinem exzellenten Umgang mit der Sprache. Hieraus schließen viele auf einen exzellenten Umgang mit der Vernunft.

Aber dieser Schluß ist falsch: Man kann in bester sprachlicher Form jeden Unsinn, jede Unvernunft und übelste Demagogie verbreiten – und manche tun dies ja auch.

Zur Kunst des Vertrauens – die im Zeitalter der Massenmedien und der Informationsgesellschaft so wichtig ist – gehört vor allem, auch attraktiv verpackte Unvernunft als Unvernunft zu erkennen.

Man sollte sich auch durch Sprachvirutosität nicht manipulieren lassen.

Schon im Jahre 1972 habe ich den damaligen Bundeskanzler Brandt in mehreren offenen Briefen vor den Gefahren dieser destruktiven Ideologie gewarnt:

> *»Unser politisches System – so wie es vom Grundgesetz bestimmt ist – hat zwar vordergründig eine sichere parlamentarische Mehrheit, es wird aber hintergründig ideologisch so ausgehöhlt, daß es wahrscheinlich in einer Krisensituation wie ein Kartenhaus zusammenbricht. Wir Älteren, die wir noch wissen, was ein undemokratischer Staat ist, kennen die Vorzüge unseres jetzigen politischen Systems und setzen uns für seine Erhaltung ein. Wer aber wird dieses demokratische System verteidigen, wenn*

die Mehrheit den Ideologien folgt, die sich an unseren Universitäten schon durchgesetzt haben und für die unser demokratischer Staat ein verächtliches Objekt einer kurz bevorstehenden und notwendigen Revolution ist? Die Gruppen, welche dieses System zerstören wollen, sind zwar zahlenmäßig schwach, sie beherrschen aber Schlüsselpositionen unserer Gesellschaft weitgehend: Universitätsgremien und manche Redaktionsstuben.
. . .
Die leichtfertigen Mitläufer spielen heute mit Revolutionsphrasen so, wie früher kleine Buben mit Zinnsoldaten spielten.«

Nachdem Brandt geantwortet hatte,

»unser parlamentarisches System hat sich seit 1949 durchaus als krisenfest erwiesen«

widersprach ich ihm:

»Sie weisen auf die Krisenfestigkeit unseres Systems in der Vergangenheit hin. Meine Sorge ist aber dessen Bestand in der Zukunft.
Im Jahre 1930 hätte ein Reichskanzler auch sagen können: Unser System hat jeden Umsturzversuch überstanden!
. . .
Wieder trotten Scharen gedankenloser Mitläufer hinter den Rattenfängern, sie schwätzen und schreiben, wie es ihnen heute eingegeben wird, und sie werden – wenn es zu spät ist – wieder versichern, daß sie es gar nicht so gemeint haben.«

In dem Jahrzehnt seit dieser Warnung ist die Saat der Gewalt voll aufgegangen:

- Militante Demonstrationszüge mit Barrikaden, brennenden Autos und Plünderungen auf unseren Straßen

- Fortwährende Hausbesetzungen und Zurückweichen staatlicher Instanzen vor Rechtsbrüchen

- Schwere Straßenschlachten bei Rekrutenvereidigungen

- Strategisch geplante Feldschlachten gegen Kraftwerksbauten, z. B. in Brokdorf mit über 50 000 Demonstranten, Brandbomben, Stahlkugeln und einigen hundert verletzten Polizeibeamten

- Terroristische Morde – z. B. an Schleyer, Ponto, Buback und Karry.

In der realen Entwicklung seit 1972 habe ich mich nicht geirrt – wohl aber im Adressaten der Warnung.

Damals glaubte ich noch, für einen Bundeskanzler müßte Rechtsstaatlichkeit doch einen sehr hohen Wert haben. Dies glaube ich heute – im Hinblick auf Brandt – nicht mehr.

Sein Genosse Eppler hat ja ausreichend deutlich gemacht, daß er Staat, Autorität und Recht für strukturkonservative Vorurteile hält.

Als ich Brandt einst vor der ideologischen Aushöhlung unseres Rechtsstaates warnte, widersprachen mir viele: Bonn ist nicht Weimar!

Aber neuerdings wird immer öfter gefragt: Geht Bonn den Weg von Weimar?

Der »Fortschritt« in Richtung auf Weimarer Verhältnisse wurde besonders deutlich bei den gewalttätigen Demonstrationen im Sommer 1981. Da sprachen maßgebliche Politiker nicht nur von »Psychoterror«, sondern auch vom »Tritt der braunen Kolonnen«, von der »Nähe faschistischer Progromveranstaltungen unseligen Angedenkens« und man las *»Objektiv tun sie genau das, was die Schlägertrupps der SA . . . trieben.«*

Nun wird in naivem Erstaunen nach der Ursache für diesen Ausbruch der Gewalt gesucht.

Der »SPIEGEL« verglich ihn mit Hitlers Angriffskriegen – und hat damit gar nicht so unrecht: Weder Hitlers Angriffskriege noch der gegenwärtige Terrorismus kamen zufällig, beide wurden ideologisch programmiert.

Eine Jugend, die im Geiste Hitlers erzogen wird, schlägt eben alles in Scherben – und eine Jugend, die im Geiste verantwortungsloser Intellektueller erzogen wird, schlägt eben die »verfaulenden Reste von Macht« zusammen.

Hat nicht F. Luchsinger schon 1963 vor den Folgen gewarnt, wenn die Geisteshaltung des »SPIEGEL« einmal zur Geisteshaltung einer deutschen Generation werden sollte?

Profitierte der »Spiegel« nicht von Anfang an von der Zerstörung von Vertrauen und Verantwortung? Erkennen seine Macher denn nicht, welche Sozialschäden sie anrichten – oder geht ihnen der eigene Profit über alle Sozialschäden?

In der »Zeit« erschien 1981 ein bemerkenswerter Beitrag ihres Verlegers »Die Alten und die Jungen«: Ein Rundumschlag gegen die »fortschrittliche« Publizistik. Da ging er z. B. die leichtfertigen Anstifter zur Gewalt ebenso an wie die falschen Propheten wider die Technik.

Soll man sich nun freuen, daß der Verleger der »Zeit« und des »Stern« eine späte Reue empfindet – oder soll man zornig darüber sein, daß er offensichtlich überhaupt nicht gemerkt hat, welche führende Rolle seine Blätter bei der Verbreitung dieser verantwortungslosen Tendenzen bisher gespielt haben?

Auf jeden Fall: Jetzt hat er recht – aber er sollte nicht nur die Symptome kritisieren, sondern auch darüber nachdenken, wie es zu dieser Fehlentwicklung gekommen ist und wer ihr einst ein gutes Gewissen verschafft hat.

Er möge z. B. nachlesen, was ich schon 1971 der Herausgeberin der »Zeit« öffentlich vorgeworfen habe: Publizistik ist mehr als die grammatikalisch richtige Aneinanderreihung von Wörtern, man muß auch über den Sinn des Publizierten und seine Folgen nachdenken, schließlich sogar bereit sein, später Verantwortung dafür zu tragen.

Welche verhängnisvolle Rolle hat die »ZEIT« bei der Abkoppelung unserer Bildungspolitik von den Bedingungen unserer Existenz gespielt – und welche dubiose Rolle haben maßgebende Mitarbeiter der »ZEIT« bei der Verharmlosung von Rauschgift gespielt!

Ich meine, wenn es für Verantwortungslosigkeit Medaillen geben würde, dann hätte die »ZEIT« immerhin eine Silbermedaille verdient.

Es ist die Lebenslüge dieser »fortschrittlichen« Publizistik, verantwortungsloses und revolutionäres Geschreibe habe nichts mit praktizierter Verantwortungslosigkeit und Rechtsbrüchen zu tun.

Wir werden ständig überflutet von verantwortungsloser Information und Schlagwörtern wie »Bildungskatastrophe«, »Atomstaat«, »Ausplünderung unseres Planeten«, die angebliche Verantwortungslosigkeit unserer Ärzte usw.

Die Produzenten derartiger maßloser Informationen tragen kaum etwas bei zur Lösung unserer schweren Probleme: Ihre Diagnosen erweisen sich schließlich meist als falsch und ihre Therapien als unbrauchbar. Offenkundig ist dies schon bei der angeblichen »Bildungskatastrophe«: Hier wurde die tatsächliche Katastrophe durch die falsche Prognose erzeugt.

Daß die Agitation gegen den »Atomstaat« unser Land in eine wirtschaftliche Katastrophe führt, das wissen Fachleute längst – die Öffentlichkeit hat es noch nicht gemerkt.

Die Maßlosigkeit der Informationsproduktion beruht vor allem auf dem Fehlen tatsächlicher Verantwortung. Welche Verantwortung trägt z. B. ein Illich, ein Jungk, ein Traube, ein Gruhl, ein Eppler, ein Hackethal für die Folgen seiner Agitation?

Würde man anderen Berufen, z. B. Arbeitern, Kaufleuten, Ärzten, Handwerkern, Ingenieuren usw. dieselbe Verantwortungslosigkeit zugestehen, dann wäre es mit jeglicher Zusammenarbeit zu Ende.

Besonders abscheulich zeigte sich die Verantwortungslosigkeit nach dem Terror des Jahres 1977 – als sich manche Agitatoren klammheimlich aus der Verantwortung hinwegschlichen: Leute, die noch vor kurzem unseren Staat diffamiert und die Terroristen gerühmt hatten, konnten sich plötzlich an nichts mehr erinnern und gaben sich gänzlich ohne Schuld.

Zu diesen verantwortungslosen Tendenzen paßte es auch, daß ein Gewerkschaftsführer verkündete:

> *»Ich bin kein Vertreter des Gemeinwohls, was immer man unter einem solchen Eierkuchen versteht«*

und daß ein Regierungsmitglied von den *»acht Arschlöchern in Karlsruhe«* sprach (als er unser höchstes Gericht meinte).

Ist es da noch verwunderlich, daß bei vielen jungen Menschen der Hinweis auf unsere freiheitlich-demokratische Ordnung mit schallendem Gelächter und Pfiffen quittiert wird?

Polizeipräsident M. Schreiber untersuchte kürzlich die Duldung von Rechtsbrüchen, wobei er von einigen filmischen Darstellungen ausging. Da hatte sich beispielsweise ein jugendlicher Vielfachdieb in der Gefängniszelle erhängt. Dies wurde in dem Film so dargestellt, als ob er von einem unbarmherzigen Staat zum Äußersten getrieben worden wäre.

In einem anderen Film hatte eine Frau eine Bank überfallen, um einen »Kinderladen« zu retten, dem der Staat die Zuschüsse gesperrt hatte.

Schreiber kommentierte diese Darstellungen so:

> *»Neben der Verwischung der Schuld und der Unterschlagung der Opfer wird hier eine politische, d.h. politisch wertende Polizei und Justiz gefordert – natürlich nur bei politisch motivierten Gesetzesverletzungen und bestimmten Personengruppen. . . .*
> *Noch vor wenigen Jahren wäre die Frage ›Duldung von Rechtsbrüchen‹ entrüstet verneint worden (die Hitler-Zeit lag noch so kurz hinter uns). Heute haben wir auch sie zu diskutieren.«*

Zwischen ideologischer Verführung und Auflösung rechtsstaatlicher Grundsätze hat sich ein Rückkopplungskreis mit voraussehbar schlimmen Folgen ergeben: Zuerst wird Unerfahrenen gezeigt, wie fragwürdig rechtsstaatliche Grundsätze manchmal sind und mit welchen menschlichen Irrtümern sie manchmal angewandt werden.

Wenn die verführten Unerfahrenen dann gewalttätig und immer gewalttätiger gegen rechtsstaatliche Grundsätze verstoßen, dann sucht man nach »angemessenen« – d. h. schwächlichen – Reaktionen des Rechtsstaates. Aber die Aufgabe rechtsstaatlicher Grundsätze bewirkt gar nicht die erhoffte Besänftigung, sondern eine weitere Eskalation von Rechtsbrüchen.

Merkt man denn nicht, daß am Ende dieser Entwicklung dasselbe stehen wird, was am Ende derselben Entwicklung in den dreißiger Jahren stand: Der totale Unrechtsstaat!

Es ist eine schlechte Entschuldigung, darauf hinzuweisen, daß es mit Terrorismus und Auflösung der Rechtsstaatlichkeit auch in anderen Ländern – beispielsweise England, Irland und Italien – weit gekommen ist. Einerseits sind deren Probleme andere als unsere – und andererseits wird auch dort die öffentliche Kommunikation mit unzureichender Verantwortung betrieben.

Will man die Rechtsstaatlichkeit wieder in ihre – für uns alle segensreiche – Wirkung einsetzen, dann muß hier wie dort die öffentliche Kommunikation mit mehr Verantwortungsbewußtsein betrieben werden.

Der verantwortbare Umgang mit den Massenmedien unserer Zeit setzt einen kulturellen Lernprozeß voraus, der bisher noch nirgendwo geleistet worden ist.

Die Aushöhlung unseres Rechtsstaates zeigt sich nicht nur an rechtswidrigen Aktionen – von Straßenschlachten bis zu Morden –, sondern auch an der inneren Zersetzung angeblich regierungstreuer Parteien.

Da ist der lange Marsch durch die Institutionen schon weit »fortgeschritten«: einstimmige Beschlüsse von Jugendorganisationen und Landesverbänden gegen die Regierung, die von der eigenen Partei gestellt wurde.

Einst verkündete man pathetisch, man wolle die überschäumende Jugend in den Staat hineinführen – aber jetzt sprengen die Überschäumenden die Gefäße.

So gerieten die Regierungsparteien in einen labilen Zustand: Man wartet – beinahe täglich – darauf, daß sie umkippen und das Gegenteil dessen tun, was sie heute noch verkünden.

Wenn es so weitergeht, dann werden bald viele Opportunisten sich dem »neuen Geist« anpassen und ihn als Mitläufer verstärken. Das hat man in den dreißiger Jahren doch alles schon einmal erlebt.

So verantwortungslos wie die Haltung vieler linker Publizisten war und ist, so naiv ist das Urteil angeblicher Fachleute – beispielsweise jenes Politologen, der in seinem Buche »Das Elend unserer Intellektuellen« 1976 den geistreichen Schluß gezogen hatte: Da sich die Institutionen unseres Staates nicht geändert haben, hat sich überhaupt nichts geändert.

Hier zeigt sich die Beschränktheit eines Denkens, das

nur die materiellen Institutionen beachtet, die bewegende Wirkung der Information aber nicht erkennt: Ein Irrtum, der im Zeitalter der Informationsgesellschaft ständig zu falschen Schlüssen führt.

Die Unzulänglichkeit dieser Denkweise könnte auf die Unterscheidung führen:

- die Institutionen unseres Landes sind großenteils noch demokratisch organisiert – aber

- der vorpolitische Raum, aus dem Veränderungen herauswachsen, ist fest in der Hand jener intellektuellen Minderheit, die unserem Staate feindlich gegenübersteht.

Aber selbst diese Deutung ist noch zu günstig: Konnte nicht in unserem angeblich demokratisch organisierten Staate ein Ministerpräsident, der elf Jahre lang mit absoluter Zustimmung der Wähler sein Amt hervorragend gut geführt hatte, durch eine Rufmordkampagne in den Massenmedien kurzfristig abgesetzt werden?

Wer die Sachverhalte und Zusammenhänge nicht kennt, der möge das Buch lesen »Hans Filbinger, der ›Fall‹ und die Fakten« (Hrsg. B. Heck) – und dann auch überlegen, wie verschieden die politische Vergangenheit »linker« und »rechter« Politiker in der kritisierenden Publizistik abgehandelt wird.

Man sollte diese Frage ganz deutlich stellen: Wer hat hier – in einem gesetzlich klar geregelten Fall – den

Ausschlag gegeben: Die Mehrheit der Bürger oder die von einigen Publizisten produzierte Meinung?

Und wenn diese Frage beantwortet ist, dann sollte man erneut die Frage nach den Machtverhältnissen in unserem Staate stellen – und nicht mehr das Elend unserer Intellektuellen, sondern deren hemmungslose Herrschaft beklagen.

Der sogenannte »Fall Filbinger« hat keine geringere historische Dimension als die Dreyfus-Affäre – nur hat hier noch kein Zola Anklage erhoben gegen die furchtbaren Publizisten, deren Demagogie niemand kontrolliert.

Unser Recht schützt Angeklagte vor unbewiesenen Beschuldigungen und ermöglicht Einspruch. Wer aber schützt uns vor publizistischen Ehrabschneidern und Rufmördern?

Es ist schon ein grotesker »Fortschritt«, der von der kontrollierten Macht der Fürsten, Politiker, Kirchen und Unternehmer zur unkontrollierten Macht von Meinungsmachern geführt hat!

Machen wir uns hierüber keine Illusionen: Die rechtlichen Grundlagen, die eine parlamentarische Demokratie vor Aufkommen der Massenmedien sicherten, reichen nicht mehr aus, eine parlamentarische Demokratie auch noch im Zeitalter der Massenmedien zu erhalten.

Besonders deutlich wird diese bedenkliche Tatsache im

vorpolitischen Raum – dem Bereich der Kommunikation, in dem sich die politischen Meinungen bilden und in dem Veränderungen vorbereitet werden. Hier könnte man häufig eine Vier-Phasen-Strategie erkennen:

1. Phase: Diffamierung des gegenwärtigen Zustandes. Bestimmte politische Tatsachen werden in konzertierter Aktion öffentlich diffamiert und als unerträglich dargestellt. Schließlich glaubt die Öffentlichkeit tatsächlich, sie seien unerträglich.

2. Phase: Glorifizierung angeblich »fortschrittlicher« Strukturen, Verhaltensweisen usw. bei gleichzeitigem Verschweigen ihrer Nachteile und Mißerfolge. Schließlich ist die Öffentlichkeit von der Überlegenheit dieser »fortschrittlichen« Lösungen überzeugt.

3. Phase: Politische Verwirklichung der glorifizierten »fortschrittlichen« Lösungen ohne Rücksicht auf eingetretene oder vorhersehbare Mißerfolge. Unter dem Druck der angefachten öffentlichen Meinung lassen sich hierzu oft auch Politiker und Verwaltungen mißbrauchen, die es eigentlich besser wissen müßten.

4. Phase: Abschirmung der mißlungenen »fortschrittlichen« Lösungen gegen Kritik, beispielsweise mit der Begründung, man könne doch derartige »fortschrittliche« Lösungen nicht wieder aufgeben.

Wer das letzte Jahrzehnt der Meinungsbildung in unserem Lande verfolgt, der stößt auf eine Folge von Themen, welche die öffentliche Aufmerksamkeit bestimmt haben – häufig ohne erkennbare reale Gründe – und durch die Wirkung der Publizistik zum politischen Muß wurden: Mal war es die Bildungsreform, mal die Entspannung, mal die Mitbestimmung, mal der Umweltschutz, mal der Datenschutz, mal die Energiepolitik, mal die Abrüstung.

Bei diesen exogenen – also nicht aus der bestehenden politischen Sachlage herausgewachsenen, sondern in sie hineingetragenen – politischen Problemen kann man nicht nur obige Vier-Phasen-Strategie erkennen, sondern sieht auch, daß ihre schließlich erzwungenen Lösungen mißlungen sind.

Aber diese verfehlten Lösungen schaden einem Politiker kaum: Seine Verantwortung ist ja längst pervertiert, sie wird nicht mehr an ihren Folgen in der Praxis gemessen – vielmehr an ihrer Anpassung an die publizistisch angefachte öffentliche Meinung.

Wer nicht von der überheblichen Meinung ausgeht, die politisch Verantwortlichen seien dumm oder verantwortungslos, kann von ihrer ständigen Ablenkung und Belastung durch exogene Probleme nichts Gutes erwarten: Sie müssen ständig passiv auf herangetragene Probleme reagieren, zu aktiven und weitsichtigen Initiativen bleibt ihnen immer weniger Zeit und Kraft.

Hier zeigt sich die Machtübernahme durch die Publizistik: Sie stellt der Politik die Aufgaben – die Politiker müssen Rede und Antwort stehen, reagieren.

Auch wenn die öffentliche Kritik in manchen Fällen

unvermeidbar und nützlich sein mag – zur ständigen Programmierung der Politik darf sie nicht werden.

Wir brauchen Politiker, die nicht nur formale Entscheidungskompetenz haben, sondern auch aus eigener Verantwortung und Initiative das Notwendige tun – notfalls sogar das unpopulär Notwendige.

Unter dem Druck der vorherrschenden publizistischen Tendenz hat sich unsere politische Bühne immer weiter nach links verschoben: Menschen und Meinungen, die einst links erschienen, erscheinen jetzt – vor der verschobenen Bühne – als rechts.

Groteskes Beispiel dieser Koordinatenverschiebung war eine demoskopische Erhebung, bei der als »rechtsradikal« abklassifiziert wurde, was selbstverständliche Voraussetzung zur Erhaltung eines Volkes und seiner Kultur ist – und was man jedem anderen Volke selbstverständlich zugesteht.

Diese Bühnenverschiebung wurde durch Verflüssigung von Begriffen, semantischen Betrug und Zerstörung überlieferter Wertvorstellungen bewirkt.

Aber da kommt noch ein personaler Effekt hinzu: Wer in unserem Lande links argumentiert, wird in unserer meinungsmachenden Publizistik hochgejubelt, beispielsweise bei Buchrezensionen. Wenn z.B. E. Eppler ein Buch veröffentlicht, dann wird es im »SPIEGEL« regelmäßig von Leuten rezensiert, von denen mit Sicherheit eine Lobeshymne zu erwarten ist.

Wer dagegen nicht zur linken Schickeria gehört, wird hemmungslos zerrissen – wobei man auch Lügen leicht in Kauf nimmt.

Mit solchen Methoden baut man sich eine Garnitur linker Kronzeugen des »Fortschritts« auf und blockiert zugleich jeglichen Widerspruch.

Schließlich kann man mit stolzgeschwellter Brust feststellen, alle großen Geister unserer Zeit stimmten dem linken Zeitgeist zu.

Aber dieser linke Zeitgeist ist nicht das Ergebnis einer »herrschaftsfreien« Kommunikation, sondern das Ergebnis einer unmerklichen Zensur, die bestimmte Argumente und Themen überhaupt nicht mehr zur öffentlichen Diskussion zuläßt.

Diese Manipulationstechnik bemächtigt sich neuerdings auch der Wissenschaft.

Da werden beispielsweise Atommanager oder Informatikprofessoren, von denen auch Experten ihres Faches vorher nichts gehört hatten, zu Begründern und Kronzeugen ihres Fachs hochstilisiert, wenn sie erst einmal »fortschrittliche« Vorurteile bestätigen.

Oder es werden »wissenschaftliche« Institute gegründet, deren Ziel nicht die Erforschung der Wahrheit, sondern die Bestätigung von Vorurteilen ist.

Oder es werden Dutzende – geeignet ausgewählte – Wissenschaftler vor der Fernsehkamera versammelt, um vorher schon feststehende Vorurteile zu bestätigen.

Selektierende Wissenschaft – dies ist fürwahr eine grandiose Erfindung über Orwell hinaus!

Viele Aussagen und Erfahrungen kommen aber gar nicht mehr in die öffentliche Kommunikation.

Man kann heute nicht mehr – wie noch Kurt Schumacher – sagen, daß man dem deutschen Volke doch ein nationales Selbstbewußtsein geben müsse. Man kann heute nicht mehr – wie noch Theodor Heuss – sagen, daß Reichtum doch eine Voraussetzung für Wirtschaft und Kultur ist.

Die Folgen dieses ständigen Schweigens über grundlegende Erfahrungen zeigen sich in unserem Zusammenleben – da zeigen sich schlimme Mangelerscheinungen.

Bürgerliche Werte wie Leistungs- und Risikobereitschaft, Arbeitslust usw. schwinden – an ihre Stelle treten der animalische Drang nach unmittelbarer Befriedigung, Gleichmacherei, Status-Fatalismus usw.

Besonders deutlich wird diese leichtfertige Umwertung aller Werte im sexuellen Bereich: Darbietungen, die noch vor zwanzig Jahren auf allgemeine öffentliche Empörung gestoßen wären, werden jetzt abgestumpft und gleichgültig öffentlich hingenommen.

Ist der Verlust sexueller Scham denn nicht der Anfang des Schwachsinns?

Diese Auflösung tradierter Werthaltungen führt hin bis zur Forderung, den grundgesetzlich garantierten Schutz der Ehe auch auf homosexuelle Paare auszudehnen.

H. Dröscher hat in einer lesenswerten Schrift »Der westdeutsche Geburtenabfall – blindes Schicksal oder erfüllter Plan?« die Wirkung der Massenmedien untersucht und fand hierbei folgende Strategie:

- Die westdeutsche Bevölkerungsentwicklung ist in möglichst vielen Teilgebieten darzustellen, so daß die katastrophale Gesamtbilanz möglichst undeutlich wird.

- Der Geburtenabfall ist nicht negativ zu bewerten, beispielsweise unter Verweis auf »ausländische Mitbürger« und das Ausland, die den Geburtenabfall durchaus positiv beurteilen.

- Hervorgehoben wird die Befreiung der Frau von ihrer tradierten Mutter- und Hausfrauenrolle, von Wochenbett und Kindergeschrei, und ihre Freiheit für Luxus, Reisen, Abenteuer.

- Die »Heimchen am Herd« werden lächerlich gemacht und kinderreiche Mütter als Geburtsmaschinen verächtlich gemacht.

- Weiter ist die mit dem Geburtenabfall vermehrte

Möglichkeit größerer Entwicklungshilfe für die armen Kinderreichen der Entwicklungsländer herauszustellen: Es kann mehr adoptiert, asyliert, liiert und naturalisiert werden.

- Weiter ist die Gleichheit aller Menschen, Völker und Rassen zu indoktrinieren und damit Gleichgültigkeit über das Weiterleben des eigenen Volkes zu erzeugen. Etwa so: Die Fremden der dritten Generation werden berlinern, schwäbeln oder makelloses Hochdeutsch sprechen – und so undeutsch nicht mehr sein.

- Die um unsere Zukunft Besorgten aber sind auf die freie Entscheidung jedes einzelnen zu verweisen und auch darauf, daß man die Leute schließlich nicht zwingen kann, Kinder zu zeugen, zu gebären und großzuziehen. Wenn »die ewig Gestrigen« schon nach Schuldigen suchen, dann sollen sie als solche die deutsche Bevölkerung selbst finden und merken, daß sie da nichts machen können. Schließlich ist das Volk der Souverain . . .

Diese Manipulationsargumente sind bei uns schon zur Routine geworden.

Aber ihre Wirkung wird neuerdings noch weit übertroffen durch die Wirkung der Anti-Atom- und Anti-Kriegs-Hysterie. Wer glaubt, daß wir vergiftet und strahlenverseucht dem atomaren Holocaust entgegengehen, der kann es einfach nicht mehr verantworten, Kinder in diese grauenhafte Welt zu setzen.

Nicht nur der Wille zur biologischen Erhaltung unseres Volkes und die Loyalität zu unserem Staate werden ständig hemmungslos zerstört, sondern auch die Bereitschaft zur Verteidigung unseres Landes: Lieber rot als tot!

Die Erinnerungen an Aggressionen läßt man nicht aufkommen – z. B. Ungarn 1956, Tschechoslowakei 1968, Afghanistan 1980 – und auch die uralte Erfahrung, daß nichts einen Aggressor so sehr lockt wie ein Machtvakuum.

Viele nehmen auch nicht zur Kenntnis, wie abhängig unsere Existenz von politischen Entwicklungen in fremden Ländern – z. B. im Vorderen Orient oder in Afrika – ist, sie tun so, als könnten wir immer und ewig in einer Schonung der Weltgeschichte spielen.

Angesichts der weltpolitischen Situation erscheint die gegenwärtig propagierte Ideologie totaler Abrüstung so verrückt wie die einstige Ideologie des totalen Krieges.

Ich habe es noch im Ohr, wie die fanatisierte Masse »JA!« brüllte, als Goebbels 1944 fragte *»Wollt ihr den totalen Krieg?«*.

Ganz ähnlich klang es 1981, als die neuen Demagogen fragten *»Wollt ihr die totale Abrüstung?«*.

Ich fürchte, die »JA!«-Schreier des Jahres 1981 erkannten die Folgen so wenig wie die »JA!«-Schreier des Jahres 1944.

Und die Wölfe haben ja nichts gegen Schafe auf dem Friedensmarsch.

Entspannung ist notwendig – aber sie darf nicht auf Selbsttäuschung aufbauen und nicht zur Ideologie der Unterwerfung werden.

Keine rational entscheidende Regierung wird einen Krieg beginnen, wenn dessen Risiken groß sind.

Wenn einer jedoch seine Unterwerfung ankündigt – z. B. mit »Lieber rot als tot!« –, dann macht er das Risiko für einen Aggressor sehr klein – er lädt ihn geradezu ein.

Hinzu kommt noch eine weitere Gefahr: Während in der UdSSR die Probleme konventioneller und atomarer Kriege – man ist an Clausewitz geschult – bis zur letzten Konsequenz durchdacht und für jeden möglichen Fall optimale Entscheidungen gesucht werden, verdrängt man bei uns das Nachdenken über Krieg. So ist zu fürchten, daß unser Verteidigungssystem im Falle ernsthafter Krisen wegen fehlender rationaler Vorbereitung und fehlender psychischer Kraft wie ein Kartenhaus zusammenbricht.

Die vielen Milliarden für die Rüstung sind eine sinnlose Fehlinvestition, wenn die psychischen Voraussetzungen zur Verteidigung unseres Landes fehlen!

Wenn eine Armee tatsächlich glaubt, was ein politisierender Phantast ihr einmal verkündet hat: »Der Friede ist der Ernstfall!« – dann wird sie im Kriegsfalle schwerlich etwas taugen.

Wer den Frieden erhalten will, muß in unserer Zeit – wie zu allen Zeiten – das Risiko für einen Aggressor sehr groß machen.

Dies braucht kein Säbelrasseln und keine Hysterie – dies braucht Nüchternheit und Rationalität.

Das Beste, was wir – eine mittlere Macht – zur Erhaltung des Weltfriedens tun können, ist dies: Deutlich machen, daß wir keine kriegerischen Absichten haben, uns aber mit allen Kräften gegen Aggressionen wehren werden.

Das Leitbild Weltwerkstatt soll dies ganz deutlich machen.

Außer der Gleichgültigkeit gegenüber der biologischen Substanz unseres Volkes, der Illoyalität zu unserem Staate und dem Mangel an Bereitschaft zur Verteidigung unseres Landes ist noch an den ignoranten Haß gegen unsere Technostruktur zu erinnern.

Typisch hierfür ist C. Amerys Meinung:

> *»Die Logik des Überlebens der Menschheit erfordert deshalb die raschestmögliche Zerstörung des Industriesystems, und zwar fast um jeden Preis.«*

Man könnte versucht sein, über eine solche törichte Demagogie achselzuckend hinwegzugehen – aber sie ist enorm publikumswirksam und bestimmt großenteils die veröffentlichte Meinung.

Deshalb sei es erneut gesagt: Unser ressourcenarmes

und dichtbesiedeltes Land kann ohne hochwertige Technik seine Existenz nicht erhalten – und die Umweltprobleme sind ohne sie noch schwerer zu lösen.

Jede ernstzunehmende Lösung der Probleme, die Amery ahnt – aber nicht recht versteht – braucht hochwertige Technik.

Aber unserer meinungsmachenden Intelligenz ist dies alles ganz gleichgültig: unsere Rechtsstaatlichkeit, unsere biologische Substanz, die Verteidigung unseres Landes und die Erhaltung seiner materiellen Existenzgrundlagen. So wird unsere Nation beherrscht durch eine Ideologie, die sich nicht mit ihren Interessen identifiziert.

Ist es nicht erschreckend, wieviele Tatsachen es bei uns gibt, die alle wissen – aber keiner auszusprechen wagt. In unserem Lande braucht es schon wieder Mut, um Offenkundiges zu sagen.

Jede Nation hat ihre Elite, die Orientierungen gibt – unser spezielles Problem ist die Elite wider die Nation, die Elite, die uns ins Unglück führt.

Wieviel Unglück hat sie schon erzeugt: Da wurden Kinder zum Haß gegen ihre eigene Familie und gegen das eigene Volk manipuliert, fanatisch und neurotisch gemacht, zum Rauschgift verführt und zu arbeitsunfähigen Frührentnern gemacht, da wurde in Schulen und Universitäten die vertrauensvolle Weitergabe von Wissen und Können durch Haß und Mißtrauen blokkiert, da wurde die solidarische Diskussion unserer gemeinsamen Probleme durch Beschimpfungen und Brüllkommandos verhindert.

Diese Elite wider die Nation verbreitet vor allem Hoffnungslosigkeit.

Einst wollte man noch am Tage vor seinem Tod einen Baum pflanzen – aber jetzt ist unser Volk in tiefster Hoffnungslosigkeit: Lasset uns essen und trinken, denn morgen sind wir tot!

Unserer geistigen Landschaft fehlt der Berg der Hoffnung. Dort, wo er sein müßte, ist ein Vulkan, der das Land mit Gift und Asche verwüstet und dem die Mitte fehlt: Der Blick auf die – im Guten wie im Bösen – grandiose Geschichte unserer Nation, die Verantwortung für die Existenz unseres Volkes und Vorbilder für eine Normalität in einer gefährlichen Welt.

Man kann mit Randgruppeninteressen zwar Bücher füllen und Filme drehen – aber keinen Staat aufbauen und erhalten.

Ein liberaler Staat muß zwar Minderheiten schützen, aber er darf nicht zur Agentur jedweder Perversion werden und die Interessen der normalen Mehrheit verraten.

Wo die Interessen von Randgruppen die Normalität aus ihrer zentralen Lage verdrängen, geht die Nation zugrunde.

Ich halte den gegenwärtig in unserem Lande publizistisch vorherrschenden Zeitgeist für so verrückt wie den Zeitgeist der dreißiger Jahre, der so entsetzlich viel Unglück in unsere Welt gebracht hat.

Ein Unterschied ist, daß man hier und jetzt noch ohne Lebensgefahr widersprechen kann. Laßt uns diese Chance zur Kurskorrektur nützen!

Wir müssen endlich die Mauer des Schweigens durchbrechen, bei der die einen überheblich agitieren und die anderen resigniert schweigen – wir müssen unsere Meinung auch im Gegensatz und Widerspruch zur publizistisch vorherrschenden Meinung deutlich aussprechen und uns exponieren.

Wir müssen den Verrücktheiten des Zeitgeistes widersprechen, der mit »Fortschritts«-Wahn, Weltuntergangshysterie, leichtfertigem Pazifismus und Egalitarismus sich tief in das öffentliche Bewußtsein hineingebohrt hat, und müssen die unzeitgemäße Position einer rationalen Zukunftsgestaltung trotz aller Diffamierung verteidigen.

Wir müssen vor allem die undemokratische Situation beenden, bei der eine Minderheit ohne Sachverstand und Verantwortung die Meinungen beherrscht und die Mehrheit, die durch ihren Fleiß und Sachverstand unseren Wohlstand begründet, sich verwirrt und sprachlos unter diese Herrschaft duckt.

Ich möchte zum Stolz auf unseren bürgerlichen Staat und seine enormen Leistungen aufrufen und feststellen, daß dieser bürgerliche Staat – mit all seinen inneren Widersprüchen – der beste Entwurf zur Meisterung einer gefährlichen Zukunft ist.

Wir haben es einfach satt, von unzähligen selbsternannten Erziehern erzogen zu werden und unser Zusammenleben durch mißmutige Intellektuelle kontrollieren zu lassen.

Wir müssen wieder Fortschritte ohne »Fortschritts«-Wahn machen, Fortschritte, die nicht nur alte Übel gegen neue eintauschen und von einer Sackgasse in die andere führen, sondern Fortschritte, die zu mehr Einsicht und zu besserer Technik – letztlich zu besseren Formen unseres Zusammenlebens führen.

Bürgerliches Selbstbewußtsein muß sich bewußt stellen gegen den Gleichheitswahn, der nicht zur Kenntnis nimmt, daß die Menschen weder in ihren Ansprüchen, noch in ihren Leistungen gleich sind. Wir müssen das Recht auf Ungleichheit entschlossen gegen den Unverstand verteidigen.

Wir sollten wieder stolz sein auf erbrachte Leistungen und uns nicht einreden lassen, der Wohlstand unseres Landes beruhe auf der Ausbeutung anderer. Nein: Der Wohlstand unseres Landes beruht auf selbst erbrachten Leistungen.

Wir sollten uns wieder bekennen zur Autorität, die durch Leistung begründet ist: Wer gute Arbeit leistet, dessen Wort hat Gewicht.

Wir sollten unser Zusammenleben wieder frei machen von der Konfliktideologie, die unser Zusammenleben so sehr vergiftet hat – und es wieder auf Verantwortung und Vertrauen stellen.

Bürgerliches Selbstbewußtsein muß sich wenden gegen die Zerstörung der Selbständigkeit – im wirtschaftlichen ebenso wie im geistigen Bereich. Selbständigkeit ist die beste Sicherung gegen unbekannte Gefahren und zugleich Voraussetzung zukünftiger Kreativität.

Sparen ist eine bürgerliche Tugend. Ohne Vorräte ist man dem Unerwarteten ausgeliefert. Aber wir brauchen kein Protzentum und keine Wegwerfmentalität, wir brauchen Sparsamkeit, Wiederverwendung, Reinhaltung und Askese.

Bürgerliches Selbstbewußtsein braucht vor allem den Optimismus, daß es den Problemen der Zukunft auch gewachsen ist.

Wir sollten die Resignation überwinden »so oder so wird die Erde rot«, wir sollten die Überlegenheit unserer bürgerlichen Ordnung über alle ihre Konkurrenten feststellen, nach dem Scheitern der Visionen und den Verheerungen durch den Zukunftspessimismus den rechten Kurs suchen und an unsere Kraft zur Meisterung zukünftiger Probleme glauben.

Der verrückte Zeitgeist

Die etablierten Strukturen unseres Landes sind – nach langer Erfahrung – meist durch Rationalität bestimmt: Beispielsweise wird unser Rechtswesen durch eine hochwertige juristische Theorie getragen, werden unsere wirtschaftlichen Unternehmen mit wissenschaftlichen Methoden, so z. B. operations research, optimiert und bemühen sich hochwertige Fachleute, politische Entscheidungen möglichst zweckmäßig zu gestalten. Rationalität bestimmt auch weite Bereiche der öffentlichen Kommunikation: Sachliche Berichterstattung setzt sich vielfach gegen Gesinnungsjournalismus durch.

Aber es gibt auch wichtige Bereiche unserer öffentlichen Kommunikation, die von wenig Rationalität bestimmt sind – wo sich der weltfremde »Fortschritts«-Wahn und apokalyptische Zukunftshysterie immer wieder durchsetzen.

Es sind ausgerechnet diejenigen Bereiche der öffentlichen Kommunikation, in denen sich die Urteile und Vorurteile über neu aufkommende Probleme bilden und die richtigen oder falschen Entwürfe zu ihrer Lösung entstehen – kurzum, in denen unser Kurs in die Zukunft hinein bestimmt wird.

So ist unser Gemeinwesen vergleichbar einem Schiff auf stürmischer See, dessen Steuerrad Leute drehen, die weder navigieren können, noch Verantwortung für das Schiff tragen.

Ist es nicht ein Zeichen von Verrücktheit, wenn eine Sozietät sich ständig über eingebildete Probleme ereifert und darüber ihre existentiellen Probleme vernachlässigt?

Wie gesagt: Ich halte diesen Zeitgeist für so verrückt wie den Zeitgeist der dreißiger Jahre, der so entsetzlich viel Unglück über unsere Welt gebracht hat.

Damals wie heute wurden Wahrheit und Endgültigkeit des verrückten Zeitgeistes durch Heerscharen von Publizisten und Poeten (mit und ohne Nobelpreis), Professoren und Propheten bezeugt – und damals wie heute werden andersdenkende Minderheiten diffamiert.

Hiervon bin ich überzeugt: Wenn man diesen absurden Zeitgeist einmal überwunden haben wird, dann wird man über ihn dasselbe sagen wie man über den Zeitgeist der dreißiger Jahre oft gesagt hat: Wie konnten wir denn nur so dumm sein und uns von diesem verrückten Zeitgeist beherrschen lassen, wie konnten wir zu dieser Verrücktheit schweigen?

Doch betrachten wir nüchtern die wichtigsten Ursachen und Ausdrucksformen dieses verrückten Zeitgeistes!

Da ist vor allem die Technikfeindschaft – die Technophobie.

Während die Realität uns täglich zeigt, wie abhängig Existenz und Wohlfahrt unseres Landes von Export und technischer Konkurrenzfähigkeit sind, reden uns manche Meinungsmacher ein, wir müßten schleunigst die Technik und ihren Fortschritt aufgeben.

Ihnen muß entschieden widersprochen werden: Es gibt keine andere Möglichkeit zur Erhaltung unserer Existenz und unseres Wohlstandes als eine hochwertige, konkurrenzfähige Technik. Ohne diese können wir noch nicht einmal die vielen Menschen unseres Landes satt machen.

Ein zentraler Vorwurf gegen die Technik ist der Vorwurf der »Entfremdung«: Das Gefühl des Menschen, nur ein leicht ersetzbares Rädchen in einem unverstandenen Werke zu sein, sich mit dem Ergebnis seiner Arbeit nicht identifizieren zu können und deshalb auch kein Erfolgserlebnis zu haben.

Aber diese Entfremdung ist gar nicht einzigartig für die moderne Technik und den heutigen Industriearbeiter: Sie begann schon mit der Landwirtschaft und dem Bauern.

Ist denn der Bauer nicht ebenso ersetzbar, hängt die Ernte denn nur von seinem eigenen Tun ab (und nicht z.B. auch vom Wetter) – und versteht er denn tatsächlich, warum aus dem Samen neue Pflanzen und Früchte werden?

Der Unterschied zwischen dem angeblich so entfremdeten Industriearbeiter und dem angeblich gar nicht so entfremdeten Bauern liegt vor allem darin, daß für den Bauern schon kulturelle Verhaltensweisen entstanden sind, um Unverständnis und Abhängigkeit hinzunehmen – »gottergeben« hinzunehmen –, während die vergleichbaren Unverständnisse und Abhängigkeiten des Arbeiters noch nicht kulturell bewältigt wurden (was bei der kurzen hierfür zur Verfügung stehenden Zeit nicht verwunderlich ist). Wohl aber werden sie für ideologische Verführung mißbraucht.

Der Vorwurf der Entfremdung wächst kaum aus unserer realen Arbeitswelt heraus (die meisten unserer Arbeiter sind nach demoskopischen Erhebungen mit ihrem Arbeitsplatz recht zufrieden) – der Vorwurf der Entfremdung wächst vor allem aus akademischen Seminaren heraus.

Zum Verständnis der Entfremdung muß man ganz elementare Erfahrungen der Verhaltensforscher heranziehen. Da gibt es einen Intelligenztest, bei dem hungrigen Versuchstieren Futter hinter einer Glasscheibe gezeigt wird. Intelligente Tiere machen den Umweg um die Scheibe herum und kommen an das Futter, stupide Tiere rennen sich aber an der Glasscheibe die Köpfe ein.

Damit wir Menschen in der komplexen Industriegesellschaft an unser »Futter« kommen, müssen wir viele Umwege machen, die durch technische Sachzwänge bestimmt sind.

Das Gefühl der Entfremdung entsteht dadurch, daß wir nicht mehr auf dem einsichtigen, leichtverständlichen geraden Wege zu unserer Existenzgrundlage kommen, sondern labryinthartige Umwege machen müssen.

Es ist aber stupide zu meinen, wir könnten mit dem Kopf durch die Schreibe, wir bräuchten keine Naturwissenschaft und Technik.

Wer die Entfremdung verringern will, muß sachlich über die komplexen technischen Zusammenhänge aufklären und deutlich machen, wie eines in das andere greift, damit sich schließlich das für uns alle notwendige und erfreuliche Ergebnis auch einstellt.

Letztlich muß man einsehen, daß die Komplexität – die oft unverstehbare Komplexität – der Preis für den Wohlstand der vielen Menschen ist.

Die technische Entwicklung führt in der Weltwerkstatt zu immer komplexeren Strukturen, die viele Mitbürger weder verstehen noch politisch kontrollieren können. Ob sie diese komplexen technischen Strukturen annehmen, hängt vom Maß ihres Vertrauens ab. Dieses begrenzt die Möglichkeiten des technischen Fortschritts und damit die Leistungsfähigkeit der Weltwerkstatt.

Um ein solches Vertrauen zu rechtfertigen, müssen Ingenieure und Manager ihre Arbeit mit größtem Verantwortungsbewußtsein tun. Aber sie sind hierbei in einer sehr schwierigen Situation, sind doch die gestellten Forderungen widersprüchlich:

- Einerseits sollen sie Existenz und Wohlstand vieler Menschen erhalten und mehren – aber

- andererseits sollen sie die Umwelt erhalten und alle Risiken vermeiden.

Schon aus dieser Widersprüchlichkeit heraus ist die Verantwortung des Ingenieurs und Managers sehr schwer zu tragen – darüber hinaus aber auch noch wegen vielen anderen Schwierigkeiten, z. B., daß die Folgen technischen Handelns meist kaum voraussehbar sind, daß ihre Bewertung sich verändert und daß der Ingenieur und Manager wegen ökonomischer oder sonstiger Zwänge häufig gar nicht die Freiheit hat, sich so oder auch anders zu verhalten.

Die Lösung der wichtigen Probleme um die Technik kann nicht mit oberflächlicher Beschimpfung »der Technik« gefunden werden, sondern braucht ernsthafte politische Auseinandersetzungen, die naturwissenschaftlich-technische Zwangsläufigkeiten ebenso ernst nehmen wie politische Zielsetzungen.

Hierbei stört oft auch das Verlangen der Öffentlichkeit, über die Folgen zukünftiger technischer Neuerungen im voraus informiert zu werden.

Dieses Verlangen beruht häufig auf dem Irrtum, die technischen Fachleute hätten schon vor der praktischen Anwendung klare Vorstellungen über diese Folgen und würden die Informationen (ihr »Herrschaftswissen«) aus egoistischen Gründen zurückhalten.

In Wirklichkeit ist es ganz anders: Die technischen Fachleute sind meist fasziniert von ihren neuen Möglichkeiten – aber sie haben meist keine Vorstellung, was aus diesen einmal werden wird. Sie schweigen hierüber nicht aus Eigennutz oder Machtstreben, sondern einfach deshalb, weil sie die Folgen noch nicht kennen.

Und man muß ihnen zugestehen – und ihren manchmal böswilligen Kritikern vorhalten: Niemand hat jemals vor Einführung grundsätzlich neuer Techniken zutreffende Vorstellungen über deren Folgen gehabt: Diese Information bringt nur und ausschließlich die Lebenspraxis – nicht Reflexion am grünen Tisch.

Das Problem der öffentlichen Aufklärung über die Technik und ihren Fortschritt ist komplizierter, als von leutseligen Politikern häufig gemeint wird:

Alle Versuche der Aufklärung scheitern, wenn die naturwissenschaftlich-technische Vorbildung der Mitbürger unzureichend ist – und bei unserem unzulänglichen Bildungssystem (im primären, sekundären und tertiären Bereich) ist sie meist unzureichend.

Es ist auch ein Irrtum zu meinen, es brauche nur den guten Willen der Fachleute, beliebig komplizierte Sachverhalte allen verständlich zu machen.

Zugegeben: Oft fehlt den Fachleuten die Zeit, das Geschick oder die Geduld, diese komplizierten Sachverhalte ausführlich zu erklären. Aber oft sind die Zusammenhänge an sich so kompliziert, daß sie nur mit starker Vereinfachung – und damit Verfälschung – erklärt werden können.

Schließlich gibt es technische Sachverhalte, deren Verständnis nur nach intensivem Studium möglich ist und deshalb von den meisten Mitbürgern einfach nicht nachvollzogen werden kann.

In diesen – immer häufiger werdenden – Fällen gibt es nur einen einzigen realistischen Weg: Den Fachleuten zu vertrauen, daß sie auch dann verantwortungsbewußt handeln, wenn man ihre Überlegungen nicht nachvollziehen kann.

Wer nur toleriert, was er versteht, muß schon jetzt auf die meisten Annehmlichkeiten unserer hochentwickelten Gesellschaft verzichten: Auf Verkehrsmittel z.B. ebenso wie auf die moderne Medizin.

Nicht nur die informationelle Unzulänglichkeit des Menschen zeigt es theoretisch, sondern auch unsere Existenz in der hochentwickelten Gesellschaft zeigt es praktisch, daß unser Zusammenleben zwingend auf Verantwortung und Vertrauen angewiesen ist.

Die ersten, spektakulären Publikationen des »Club of Rome« über die »Grenzen des Wachstums« haben die Zukunftsvorstellungen total verwirrt. Sie erzeugten bei vielen die Meinung, die Ressourcen unserer Erde gingen zu irgendeinem voraussehbaren Zeitpunkt schlagartig zu Ende und dann käme die weltweite Katastrophe. Um dieser zu entgehen, müßte schleunigst jeglicher technische Fortschritt eingestellt werden.

Diese Meinung ist falsch und irreführend: Es wird nie zu einer solchen schlagartigen Katastrophe kommen – vielmehr werden verschiedene Ressourcen zu unterschiedlichen Zeitpunkten knapp. Dem können wir durch Sparsamkeit, Substitution und Recycling begegnen – was nur mit hochwertiger Technik gelingt.

Auf dem Weltmarkt werden die knappen und teuren Ressourcen dorthin fließen, wo die begehrtesten Produkte erzeugt werden. Um solche begehrten Produkte herstellen zu können, brauchen wir wiederum eine hochwertige Technik.

Der Umwelt-Hysterie muß entgegengehalten werden: Wir können vom Umweltschutz nicht leben! Umweltschutz muß immer als ein Kompromiß, als Ergebnis nüchternen Abwägens zwischen den Bedingungen der Ökonomie und denen der Ökologie verstanden werden.

In unserem dichtbesiedelten und auf industrielle Produktion angewiesenen Lande können Luft und Gewässer, Flora und Fauna eben nicht so unberührt wie in einem menschenleeren Paradiese sein.

Und wenn mit den modernen Nachweismethoden winzige Schadstoffmengen dort nachgewiesen werden, wo man sie früher nicht nachweisen konnte, so rechtfertigt dies nicht immer das Skandal-Geschrei.

> *»Alle Dinge sind Gift und nichts ist ohne Gift –*
> *allein die Dosis macht, daß ein Ding Gift ist!«*

– sagte Paracelsus schon vor fünfhundert Jahren.

Wenn pathetisch gesagt wird »Der Mensch kommt vor der Technik!«, dann ist dem entgegenzuhalten, daß die Erhaltung von Arbeitsplätzen und Wohlstand von Millionen eine immens humane Aufgabe ist.

Ich möchte eindringlich vor Scheinlösungen unserer schweren Zukunftsprobleme warnen:

- Vor der Hoffnung auf einen »neuen Menschen«, der nicht irrend, eigennützig, träge und eitel ist. Nein: Wir müssen die neuen Probleme mit dem alten Menschen lösen.

- Vor der Hoffnung auf eine »neue Gesellschaft«: Alle bisherigen Versuche zum Aufbau einer »neuen Gesellschaft« – vom Utopia des sechzehnten Jahrhunderts bis zum Kommunismus unserer Zeit – haben ihr Ziel regelmäßig verfehlt und regelmäßig immenses Unglück erzeugt.

- Auch die Hoffnung auf eine »neue Moral« wird nach allen bisherigen Erfahrungen keine schnellen und durchschlagenden Lösungen bringen.

Die Agitation für einen »neuen Menschen«, eine »neue Gesellschaft« und eine »neue Moral« hat vor allem Ablenkungswirkung – Ablenkung von der harten Arbeit konkreter Problemlösung, Flucht in eine ideale Hinterwelt, Eskapismus.

Die »alternative« Bewegung ist vollgepackt mit Irrtümern über ihre Herkunft, über ihre momentane und über ihre endgültige Wirkung:

Sie meint, sie hätte einen neuen Aspekt der Kritik gefunden – dabei sind ihre Ideen doch schon uralt, ein später Aufguß dessen, was J. J. Rousseau schon vor zweihundert Jahren viel besser gesagt hat und was einst J. Langbehn und die »Blut-und-Boden«-Bewegung propagiert haben.

Ihre »Alternativen« wiederholen Vorschläge, welche die vielbeschimpften »Technokraten« schon vor langer Zeit gemacht haben – z. B. die Nutzung der Sonnenenergie, welche Fachleute schon vor 120 Jahren erprobt haben, die Geowärme, die von Fachleuten schon vor hundert Jahren untersucht wurde, oder die Windkraft, die von Fachleuten schon vor vierzig Jahren als ineffektiv aufgegeben wurde. Daß man bei steigenden Energiekosten noch sparsamer mit der Energie umgehen muß, war Fachleuten zu allen Zeiten selbstverständlich – allerdings dachte keiner daran, aus dieser Selbstverständlichkeit eine Ideologie zu machen.

Das einzig wirklich Neue der »alternativen« Bewegung ist, daß sich Leute lautstarke Urteile anmaßen, die von der Sache nichts verstehen.

Die »Alternativen« irren sich auch mit der Meinung, durch ihre politischen Pressionen würden bessere technische Entscheidungen erzwungen. Tatsächlich wird durch diese die Technik desoptimiert – d. h., es werden nicht die besten technischen Entscheidungen getroffen, sondern schlechtere. »Schlechter« nicht im

Interesse einer profitgierigen Industrie, sondern im Interesse der Allgemeinheit. Hierfür einige Beispiele:

- Aufbau modischer Anlagen zur Energiegewinnung oder Energieeinsparung, deren Herstellung mehr Energie verbraucht, als mit ihnen jemals erzeugt oder eingespart werden kann.

- Der Kampf gegen die Kernenergie im Namen des Umweltschutzes, nach dem Kraftwerkstypen angestrebt werden, die viel umweltschädlicher als Kernkraftwerke sind – die also viel mehr Schadstoffe (einschließlich Radioaktivität) emittieren als Kernkraftwerke.

- Die Anti-Atom-Hysterie, die alle psychischen und politischen Kräfte gegen eine Technik mobilisierte, die milliardenfach weniger gefährlich ist als z. B. der Straßenverkehr – gegen dessen Gefahren sich jetzt keine psychischen und politischen Kräfte mehr mobilisieren lassen.

Viele »Alternativen« meinen, alternative Energiequellen könnten ohne hochwertige Technik sinnvoll genutzt werden.

Ernsthafte Untersuchungen zuständiger Fachleute zeigen aber dieses eindeutig: Wo immer alternative Energiequellen mit Aussicht auf Erfolg genutzt werden sollen, braucht es hochwertige Technik – sei es nun für wirksame Sonnenkraftwerke, wirksame Ausnutzung der Biosynthese oder wirksame Ausnutzung der Windenergie. Keine dieser alternativen Energiequellen kann mit primitiver Technik erfolgreich genutzt werden.

Aber die »Alternativen« irren sich auch über die sozialen und politischen Zustände, die sich dann ergeben, wenn sich ihre Ideen politisch durchsetzen sollten. Sie erwarten dann ein friedliches, uneigennütziges und spirituelles Zusammenleben.

Aber tatsächlich werden die Menschen nach dem abgrundtiefen Sturz in Armut und Elend verzweifelt und hemmungslos um die letzten Reste des einstigen Wohlstandes kämpfen – und es wird dann harte Polizeistaatsmethoden brauchen, um Erfinder daran zu hindern, Maschinen aufzubauen, die das Leben leichter machen und das »alternative« Elend überwinden könnten.

Die »alternative« Bewegung ist auch durch ihre Methoden höchst unglaubwürdig: Wer eine »sanfte« Zukunft will, kann nicht militant für sie kämpfen, ohne gänzlich unglaubwürdig zu werden.

Vieles, was gegenwärtig im Namen der »Sanftheit« geschieht, unterscheidet sich kaum von dem, was einst im Namen des Faschismus geschah: Gebrüll, Schlägerei, Kreuzzüge und Terror. Sanftheit muß – wenn sie glaubwürdig sein will – erst einmal tolerant sein. Andernfalls ist sie Faschismus mit anderen Symbolen.

Noch in einer anderen Hinsicht ist diese »alternative Gegenkultur« gefährlich: Sie macht aus dem notwendigen Umweltschutz ein unglaubwürdiges Happening: Wer eine gute Sache mit falschen Argumenten vertritt, der schadet ihr.

Die »alternative« Ideologie begreift z. B. nicht, daß der Umweltschutz in unserem dichtbesiedelten und auf hochwertige Technik angewiesenen Lande nur und ausschließlich als ein rational ermittelter Kompromiß zwischen ökologischen und ökonomischen Bedingungen betrieben werden kann. Vor diesem diffizilen Problem sind Emotionen abwegig.

Der emotionalisierte Umweltschutz wird auch vielfach politisch mißbraucht: Viele sagen »Atomstaat« und meinen unseren Rechtsstaat. Nachdem dessen Zerstörung durch Angriffe auf sein Bildungssystem nur halb gelungen ist, versucht man es jetzt durch Angriffe auf seine Technostruktur.

Die Vorschläge der »alternativen« Bewegung entwikkeln sich neuerdings immer weiter weg von der Realität und werden zur »alternativen Gegenkultur«, in der Drogen, Tunix und Anarchismus chaotisch brodeln und wo auf ein Paradies ohne Technik gehofft wird.

Wovon man leben soll, was die ökonomische Basis dieser »alternativen Gegenkultur« sein soll, bleibt hierbei unklar.

Vorläufig – solange das allgemeine Paradies noch nicht ausgebrochen ist – versucht man es mit irgendwelchen Tineff-Produktionen aus den Abfällen der verhaßten Industriegesellschaft, z. B. Primitiv-Schmuck aus gebogenen Drahtstückchen, Windgeneratoren aus alten

Autolichtmaschinen oder Sonnenkollektoren aus alten Scheinwerfern.

Wo immer diese »alternative« Technik konkret wird, braucht sie die Abfälle der hochentwickelten Technik.

Diese »alternative« Gegenkultur lebt gänzlich von unserer technischen Kultur – etwa so, wie Schimmelpilze auf einer Nährlösung leben, ohne die sie jedoch zugrundegehen.

Über dieser »alternativen Gegenkultur« schwebt der Geist des Moralisten J. J. Rousseau, der seine fünf Kinder bedenkenlos im Findelhaus ausgesetzt hat.

Das vorläufig letzte Produkt »alternativen« Nachdenkens ist die Behauptung, regelmäßige Arbeitszeiten entsprängen keinen sachlichen Notwendigkeiten, sondern nur dem Stumpfsinn, der sich anderes überhaupt nicht vorstellen kann.

Aber so ist es sicher nicht: Man kann vielleicht (mit zusätzlichen Regiekosten) Arbeitskräfte am Fließband rasch auswechseln, aber bei hochqualifizierten Arbeiten (beispielsweise Konstruktionsarbeiten oder Computerprogrammierung) ist dies sicher nicht möglich.

Komplexe, verantwortliche und kreative Leistungen, wie sie für unsere Zukunft so wichtig sind, setzen langfristige, kontinuierliche und intensive Anstrengungen voraus – wer die Arbeitszeit in beliebig kleine Portionen stückelt, verhindert komplexe, verantwortliche und kreative Leistungen.

Vor allem der kreative Prozeß ist nicht teilbar: Er braucht die uneingeschränkte Konzentration auf das Problem, bis hin zur Distanzierung der kreativen Persönlichkeit von der sozialen Kommunikation.

Hier ergibt sich ein neuer Klassenkampf – an einer ganz anderen Front, als dies Marx einst vermutet hat: Auf der einen Seite die Minderheit der lang, konzentriert und kreativ Arbeitenden – auf der anderen Seite die Mehrheit der gelegentlich, leicht und routinemäßig Arbeitenden.

Und es ist zu fürchten, daß die Minderheit der schwer Arbeitenden von der flanierenden Mehrheit hemmungslos ausgebeutet wird.

Gegenwärtig wird oft behauptet, die technische Intelligenz habe in ihrer angeblichen »technokratischen Beschränktheit« die Probleme des Umweltschutzes nicht beachtet und sei erst durch die angeblich »kritische Intelligenz« auf sie gestoßen worden.

Diese Behauptung widerspricht allen überprüfbaren Tatsachen.

Tatsache ist, daß bis zum Jahre 1970 die Öffentlichkeit – trotz vieler Warnungen, vor allem aus den Reihen der technischen Intelligenz – die Probleme des Umweltschutzes nicht zur Kenntnis genommen hat.

Lexika aus der Zeit vor 1970 enthalten praktisch nichts, was dem heutigen Verständnis von Umweltschutz entspricht, und in R. Jungks Buch »Die Zukunft hat schon begonnen« suchen wir vergeblich nach irgendeinem Umwelt-Bewußtsein.

Aber schon Jahrhunderte vorher hatten Naturwissenschaftler und Ingenieure über den Schutz der Umwelt, versiegende Ressourcen, Substitutionen und Sparsamkeit nachgedacht.

Es ist eine totale Verfälschung der Tatsachen, eine blanke Lüge, wenn jetzt behauptet wird, die angeblich »kritische Intelligenz« habe die Techniker auf den Umweltschutz, auf Sparsamkeit und »Alternativen« erst stoßen müssen. (Dies wurde in dem Buche »Diese verdammte Technik« ausführlich gezeigt.)

Zu bedenken ist auch dies: Die Bewertung der Technik hat sich im Laufe der Zeit stark verändert.

Beispielsweise wurde bis vor kurzem vor allem die Forderung nach Effizienz gestellt. In unserer Zeit kamen Umweltschutz und Humanisierung der Arbeitswelt hinzu – und vermutlich wird demnächst auch noch die Krisensicherheit hinzukommen.

Diese veränderlichen Bewertungen sollte man bei der Technikkritik bedenken: So wenig man es einem Staatsmann des vorigen Jahrhunerts vorwerfen kann, daß er nicht nach den politischen Grundsätzen unseres Jahrhunderts regiert hat, so wenig kann man es einem Ingenieur des vorigen Jahrhunderts vorwerfen, daß er nicht nach den Bewertungen unseres Jahrhunderts konstruiert hat.

Man müßte endlich dies begreifen: Die Anklage der Ingenieure dafür, daß sie das tun, was die Sozietät von ihnen verlangt, löst nicht die schweren Probleme zwischen Sozietät und Technik.

Man kann den Ingenieur nur verantwortlich machen für das, was tatsächlich in seiner Macht steht – nicht jedoch für naturgesetzliche Zwangsläufigkeiten, ökonomische Zwänge, Irrtümer des Zeitgeistes und die vielen Menschen und ihre immensen Ansprüche.

Die zeitgenössische Technikfeindschaft kommt auch von den Risiken der Technik.

Diese sind unbestreitbar – aber man muß sie vor dem Hintergrund des immerwährenden Risikos der menschlichen Existenz sehen: Der Mensch lebte in aller Vergangenheit mit Gefahren und er wird in aller Zukunft mit Gefahren leben müssen – die Risiken haben nur ihre Art geändert: An die Stelle der Gefahren für den Jäger, den Nomaden oder den Bauern traten die Gefahren der Produktion, des Verkehrs oder der Politik. Daß durch die technischen Fortschritte die Lebensrisiken insgesamt abgenommen haben, beweist vor allem die viel größere durchschnittliche Lebenserwartung in den hochtechnisierten Gesellschaften.

Die Risikoproblematik wird besonders deutlich im Hinblick auf die Entwicklung der Pharmazie, beispielsweise, wenn man sich an die Contergan-Katastrophe erinnert.

Hierbei mache man sich keine Illusionen: Es gibt keine

rationalen Argumente, die den unermeßlichen Schmerz einer Mutter mildern könnten, deren Kind mißgebildet ist.

Zwei andere Fragen sind jedoch:

- Wird »alles« getan, um ähnliche Katastrophen in der Zukunft zu vermeiden?

- Wiegen die Vorteile der Weiterentwicklung der Pharmazie insgesamt deren Nachteile auf?

Falsch ist sicher die diffamierende Behauptung, der angeblich nur »profitgierigen« Industrie sei die Wirkung ihrer Produkte gleichgültig. Nein: Deren größtes Interesse ist es, nur akzeptable, wirksame und nebenwirkungsfreie Produkte auf den Markt zu bringen.

Katastrophale Folgen eines pharmazeutischen Präparates beim Konsumenten erzeugen auch beim Produzenten katastrophale Folgen.

Die Suche nach wirksamen und nebenwirkungsfreien Medikamenten ist heutzutage sehr zeitraubend und kostspielig: Von theoretischen Überlegungen über Tierversuche bis zu klinischen Erprobungen. Gerade für die Industrie, die immense Mittel aufbringt, ist es eine Existenzfrage, nur für brauchbare Medikamente zu investieren.

Aber man muß auch die Schwierigkeiten dieses Vorgehens sehen: Kreativität ist immer ein Schritt ins Unbekannte hinein, und große Fortschritte brauchen große Schritte ins Unbekannte hinein.

Bei Entwicklungen, die es mit relativ einfachen Systemen zu tun haben – beispielsweise mit einfachen mechanischen Konstruktionen –, kann man dazu verpflichten, über die Folgen neuer Schritte »erschöpfend« aufzuklären.

Aber die pharmazeutische Entwicklung zielt auf das ungeheuer komplizierte System Mensch – da kann man eine »erschöpfende« Erforschung auch beim besten Willen nicht leisten, eine solche setzt eine (nicht vorhandene) vollständige Kenntnis des menschlichen Systems voraus.

Würde der pharmazeutischen Entwicklung eine solche Forderung zwingend gestellt, dann könnte es gar keinen pharmazeutischen Fortschritt mehr geben. Aber eine solche Blockierung kann man im Interesse der kranken Menschen nicht wollen.

Dies bestätigen auch die Kritiker der Pharmazie durch ihr Verhalten: Wenn sie in Lebensgefahr geraten oder starke Schmerzen leiden, dann verlangen sie die besten Mittel – was immer sie auch über die Pharmazie einst gesagt haben.

Man sollte hierbei auch die schwierige Lage der Wissenschaftler, Techniker und Manager bedenken: Einerseits müssen sie den Mut haben, Schritte ins Dunkel hinein zu machen – ohne die ihre Arbeit nutzlos ist –, und andererseits geraten sie hierdurch möglicherweise in schlimme juristische Situationen.

Wie schwer hat es der entwickelnde Wissenschaftler

beispielsweise mit der Generalklausel, er müsse dem »Stand von Wissenschaft und Technik« entsprechend vorgehen – aber wie leicht kann ihm aus einer solchen Generalklausel ein Strick gedreht werden!

Manche meinen, man könnte diese Probleme durch Verstaatlichung oder Vergesellschaftung der pharmazeutischen Industrie lösen.

Wer solches vorschlägt, hat wohl noch nicht bemerkt, daß Fortschritte in hochkomplexen Techniken – sei dies nun die Pharmazie, sei es die Informationstechnik – nur dort gemacht werden, wo private Initiativen den Fortschritt beflügeln – während verstaatliche oder vergesellschaftete Organisationen vor allem Bürokratie produzieren, aber kaum Fortschritte in der Sache.

Es ist ein gefährlicher Irrtum vor allem der Gewerkschaften, zu glauben, man könnte die sozialen Risiken technischer Neuerungen durch gewerkschaftliche Bürokratien vermindern: Durch solche wird vor allem die Reaktionsgeschwindigkeit der Unternehmen und damit ihre Konkurrenzfähigkeit vermindert – ob jedoch die sozialen Gefahren vermindert werden können, erscheint bei deren Unvoraussehbarkeit als höchst zweifelhaft.

Der Dynamik des technischen Fortschritts und des internationalen Marktes kann man mit trägen Bürokratien nicht folgen – hier braucht es schnelle unternehmerische Entscheidungen.

Lenkung mag zur Mobilisierung großer Massen von

Menschen und Material zweckmäßig sein, aber zur Schaffung von Kreatitivät und internationaler Konkurrenzfähigkeit ist sie ganz unbrauchbar.

Die Gewerkschaften betreiben auch sonst vielfach aus Gründen kurzfristiger Taktik eine Politik, die den Interessen unserer Arbeiter langfristig total zuwiderläuft – und die wir uns bei schwindender Konkurrenzfähigkeit auf dem Weltmarkt einfach nicht mehr leisten können.

Da ist z.B. der halbdurchdachte Kampf gegen die Automatisierung, die – unbestritten! – schon Arbeiter freigesetzt hat und wohl auch noch mehr freisetzen wird.

Da wird beispielsweise pathetisch gefragt:

> *»Müssen wir glauben, daß sich gegen technologische Sachzwänge nicht aufbegehren läßt?«*

Aber dies ist nicht das Problem (man kann gegen technische Sachzwänge durchaus aufbegehren und dann siegreich zugrundegehen): Hier geht es tatsächlich um unsere Konkurrenzfähigkeit auf dem Weltmarkt.

Wir werden auf dem Weltmarkt ausgelacht, wenn wir teurere oder schlechtere Produkte anbieten mit dem Verkaufsargument, wir hätten doch die soziale Bombe entschärft und nun möge man uns doch milden Sinnes unsere teuren und schlechten Produkte auch abkaufen.

Da wurde gefordert:

»... *eine Sozialklausel, die eine Prüfung aller geförderten Projekte hinsichtlich ihrer ›sozialen‹ Verträglichkeit zwingend vorschreibt.*«

Hierbei wurde wohl übersehen, daß alle derartigen »Forschungen« nicht über Trivialitäten und Irrtümer hinauskamen, aber notwendige Entwicklung oft verzögert haben und vielfach demagogisch mißbraucht wurden – sei es nun unter der Überschrift »Technology Assessment«, »Wirkungsforschung« oder »Futurologie«.

Die Erfahrung zeigt: Man kann die sozialen Folgen wesentlicher technischer Fortschritte nicht am grünen Tisch voraussagen. Die Behauptung, man könnte dies, ist vorwiegend eine Behauptung jobsuchender Soziologen oder Techniker ohne Fortune.

Die Folgen technischer Innovationen zeigt – wie gesagt – nur und ausschließlich die Lebenspraxis.

Was hätten wohl »Wirkungsforscher« des Jahres 1880 über die sozialen Folgen des von Daimler und Benz kürzlich erfundenen Autos verkündet? Und wenn sie diese zutreffend prognostiziert hätten (beispielsweise die vielen Verkehrstoten) – hätte man dann die Weichen »richtig« gestellt?

Die Erfahrung zeigt, daß derartige Bewertungsgremien nicht weitsichtiger sind als die pluralistische Industrie. Als man beispielsweise 1973 ein Sparauto hätte entwickeln müssen, subventionierte man ein Sicherheitsauto. Aber die pluralistisch organisierte Industrie fing die Versäumnisse rasch und wirksam auf.

Die Bildungspolitik der Gewerkschaften ist absurd. Man möchte offensichtlich möglichst viele Akademiker minimaler Qualität produzieren und merkt nicht, daß dies den langfristigen Interessen der Arbeiter total zuwiderläuft.

Wer theorieunbegabte Schüler an unbezahlbare Hochschulen verführt, um sie dort für Berufe auszubilden, in denen sie nicht gebraucht werden, der erzeugt strukturelle Arbeitslosigkeit, Staatsverschuldung und persönliches Unglück.

Falsch ist die Vorstellung, Bildung sei identisch mit Besuch von Universitäten – selbst unwilligem Besuch.

Gewiß: Wo ein Akademiker und ein Nichtakademiker um einen Arbeitsplatz konkurrieren, siegt oft der Akademiker. Aber wenn alle studiert haben, dann gibt es nicht mehr, sondern weniger Arbeitsplätze.

Groteskerweise tun die Gewerkschaften sehr wenig für das wohlbegründbare Selbstbewußtsein der Arbeiter – im Gegenteil: Ihnen scheint der Akademiker das einzig erstrebenswerte Berufsziel zu sein.

Daß dies nicht immer materiellen Gewinn, aber häufig persönliches Unglück bringt, scheinen sie nicht zu bemerken.

Dieses paradoxe Klassenbewußtsein ist wohl mit schuld an der unerfreulichen Tatsache, daß wir zugleich viele Arbeitslose und einen Mangel an qualifizierten Arbeitern haben.

Könnten die Gewerkschaften nicht für eine hochwertige Facharbeiterausbildung so wirksam agitieren, wie sie es für die Akademisierung tun?

Angesichts der vielen Arbeitslosen erinnern sich manche der Tatsache, daß die Bevölkerung unseres Landes abnimmt, und vermuten, daß sich damit das Arbeitslosenproblem von selbst löst – ganz einfach dadurch, daß bei Abnahme der Bevölkerung zuerst einmal die Arbeitslosen verschwinden.

Es ist aber unwahrscheinlich, daß bei abnehmender Bevölkerung der Arbeitslosenanteil abnimmt: Zuerst ist ja zu bedenken, daß mit abnehmender Bevölkerung nicht nur die Produzenten verschwinden, sondern auch die Konsumenten. Deshalb könnte man (in erster Näherung) vermuten, die Bevölkerungsabnahme sei ohne Einfluß auf den Arbeitslosenanteil.

Tatsächlich dürfte jedoch die Bevölkerungsabnahme noch ungünstiger wirken: Zuerst schwinden Absatz und Arbeitsplätze, und dann erst die Arbeitsuchenden. Die neu Geborenen sind in den ersten fünfzehn Jahren zwar Konsumenten, nicht aber Produzenten – und wenn sie fehlen, dann fehlt Konsum und fehlen Arbeitsplätze.

Aber es gibt noch weitere Effekte, welche die Situation zusätzlich verschlechtern.

Bei modernen Großtechnologien wie z.B. Luftfahrt, Atomtechnik oder Computertechnik gibt es eine gewisse »kritische Masse« für Forschung, Entwicklung, Produktion und z.T. auch für Konsum.

Derartige Forschungen, Entwicklungen und Produktionen brauchen große Stäbe hochqualifizierter Naturwissenschaftler, Ingenieure, Facharbeiter, Manager usw. – und wenn diese Stäbe unter der kritischen Masse liegen, dann arbeiten sie inffektiv und chancenlos. Sie können zwar durch Subventionen am Leben erhalten werden, aber sie leisten keinen angemessenen Beitrag zur internationalen Konkurrenzfähigkeit und Erhaltung der Arbeitsplätze.

Schließlich dürfte das allgemeine Bewußtsein von einer schrumpfenden Volkswirtschaft verheerend auf Investitionsbereitschaft, Vertrauen und Zukunftshoffnung wirken: Da breitet sich ein Gefühl aus wie bei einer Firma in Liquidation, da baut keiner mehr auf, da rafft man nur noch zusammen: Nach uns die Sintflut!

Mit der technischen Konkurrenzfähigkeit ist es wie mit dem Fliegen: Entweder hat man die notwendige Geschwindigkeit, oder man stürzt ab. Anhalten gibt es da nicht.

Man sollte sich auch darüber nicht täuschen: Bei ständig abnehmender Bevölkerungszahl steigt die ökonomische Belastung der Erwerbsbevölkerung. Dies gilt, auch wenn der gegenwärtige irreguläre Altersaufbau die Zunahme der ökonomischen Belastung zunächst nicht zeigt. Aber so etwas gibt es nur kurzfristig – nicht auf die Dauer.

Es ist also unwahrscheinlich, daß sich bei abnehmender Bevölkerungszahl das Arbeitslosenproblem von selbst löst – und es ist unverantwortlich, unsere ökonomischen Probleme durch Liquidation unseres Volkes lösen zu wollen.

Gegenwärtig wird oft die angebliche »technische Perversion der Medizin« kritisiert.

Auch wenn es unbestreitbar ist, daß in der Medizin manchmal die Zuwendung zum kranken Menschen hinter den benutzten technischen Apparaten undeutlich wird, ist es doch falsch und irreführend, zu fordern, die Medizin solle auf einen geringeren Standard technischer Leistungen zurückkehren.

Es ist doch unbestreitbar, daß die technisch bestimmten Methoden der Medizin bei der Therapie akuter Krankheiten, z. B. Infektionskrankheiten, praktisch alles leisten, was man von ihnen erwarten kann.

Wenn zur Bekämpfung anderer Krankheiten, z. B. Kreislaufkrankheiten, bösartige Geschwülste und chronische Krankheiten, andere Therapien gebraucht werden, z. B. eine andere Lebensführung, dann kann man hieraus doch nicht schließen, man könne auf die technischen Methoden der Medizin verzichten: Die zukünftige Medizin braucht eben vernünftiges Leben *und* Technik.

Aus einer gewissen Distanz betrachtet haben ja Technik und Medizin vieles gemeinsam: Sie nutzen beide zur Erleichterung der menschlichen Existenz naturwissenschaftliche Erkenntnisse – und beide werden neuerdings von Leuten kritisiert, die sich nicht auf naturwissenschaftlichen Sachverstand, sondern auf ihre eigenwillige Deutung der menschlichen Existenz berufen:

- Da klagen weltreisende Berufsdemagogen hysterisch die angebliche technische Perversion der Medizin an – aber wenn sie dann eine Kolik oder ein Zahnschmerz befällt, dann eilen sie ohne Hemmung dorthin, wo ihnen wirksam geholfen wird – und das kann eben nur die angeblich technisch pervertierte Medizin,

- da spotten manche über die »Halbgötter in Weiß«, weil diese sich auch irren, ständig überlastet sind und nicht alle Krankheiten heilen können – aber sie bemerken nicht, daß sie außer vergiftenden Phrasen nichts einbringen, sondern nur das Vertrauen zwischen Arzt und Patient zerstören und damit manche Heilung erschweren.

Hier zeigt sich ganz deutlich die Aufspaltung unserer Sozietät in zwei Klassen, deren eine arbeitet und Verantwortung trägt, und deren andere kritisiert und keine Verantwortung trägt.

Ich spiele dieses Spiel nicht mit – ich bekenne offen meine unzeitgemäße Meinung: Durch Technik und Medizin wurden die Lebensbedingungen des Menschen verbessert und seine Lebenserwartung vergrößert – und ich halte dies für einen wesentlichen, wünschenswerten und sinnvollen Fortschritt.

Wer anderer Meinung ist, möge auch konsequent sein und so leben wie die Menschen vor Aufkommen der modernen Technik und Medizin gelebt haben: Die meisten hungernd und frierend, körperlich schwer arbeitend, ohne Hygiene, quälende Zahnschmerzen mit der Brechzange »kurierend«, von Blinddarmentzündung, Lungenentzündung, Cholera oder Pest schnell dahingerafft, viele Frauen im Kindbett sterbend.

Nein – diese Kritik an unserer modernen, technisierten Gesundheitspflege ist durch und durch verlogen, eine üble Absonderung weltfremder Besserwisser am grünen Tisch, die meinen, sie könnten mit verbaler Hysterie die Probleme lösen, welche die Sachverständigen in ihrem schweren Kampfe mit der Natur bisher nicht zu lösen vermochten – und die sich dafür rächen wollen, daß sie zu den wirklichen Entscheidungen gar nichts beizutragen haben.

Ein zukünftiger Geschichtsschreiber wird es dereinst schwer haben mit der Erklärung, weshalb ein Volk mit einer einst hohen Rationalität auf solche Verrücktheiten hereinfiel.

Ich würde ihm folgende Gründe anbieten:

1. Die Wirkung von Ideologen, welche über die Massenmedien beinahe absolut herrschen – aber für die Folgen ihres Tuns keinerlei Verantwortung tragen.

2. Die Vorherrschaft unzeitgemäßer Philosophien, welche die Sprache und Denkmodelle zum Verständnis einer hochtechnisierten Informationsgesellschaft nicht liefern.

3. Der Niedergang des Bildungswesens – bei dem z. B. viele Schüler vor dem vierzehnten Lebensjahr nichts von Technik erfahren.

4. Die Sachzwänge und Einseitigkeiten der Publizistik, die unsere Öffentlichkeit beinahe absolut beherrscht und alles kritisiert – ausgenommen ihre eigene Wirkung.

Für die Erzeugung von Irrtümern durch die Massenmedien nur *ein* typisches Beispiel:

Theorie	ist medienwirksamer als Tradition
Transparenz	ist medienwirksamer als Privatheit
Visionen	sind medienwirksamer als Erfahrung
Verändern	ist medienwirksamer als Erhalten
Kritik	ist medienwirksamer als Verantwortung.

Deshalb begünstigen die Massenmedien zwangsläufig politische Tendenzen, die Theorie, Transparenz, Visionen, Verändern und Kritik betreiben und benachteiligen politische Absichten, die Tradition, Privatheit, Erfahrung, Bewahren und Verantwortung vertreten.

Es spricht aber nichts dafür, daß die derart durch die Massenmedien begünstigten politischen Tendenzen für unsere res publica besser sind als die benachteiligten entgegengesetzten politischen Absichten.

So führen die Massenmedien oftmals zu politischen Entscheidungen, die in unserem gemeinsamen Interesse falsch sind, sie wirken als Instrumente der Desinformation.

Dies träfe selbst dann zu, wenn die Informationsproduzenten politisch neutral wären – was bei uns ja kaum jemand vermutet.

Dieser ständigen Desinformation steht keine gleichwertige geistige und publizistische Kraft gegenüber: Diejenigen, die eigentlich Widerstand leisten müßten, verharren in selbstgewählter Unmündigkeit und Einfalt.

Aus der Bibel kennen wir den Rat:

> *»So dir jemand einen Streich gibt auf deinen rechten Backen, dem biete den anderen auch dar.«*

Dieser Rat mag in der Kirche lobenswert sein und auch ein gutes Gewissen schaffen – aber in unserer Zeit ideologischer Kämpfe um Macht und Zukunft ist er nicht zu empfehlen: Wer sich nicht wehrt, der – so meint man – hat ein schlechtes Gewissen und sollte rasch das richtige eingesetzt bekommen.

Ich sage dies auch im Hinblick auf die technische Intelligenz – also die Ingenieure, Naturwissenschaftler und Manager –, die gegenwärtig ideologisch mehr als einen Streich auf den Backen bekommt und in biblischer Einfalt auch noch den anderen darbietet.

Die ideologischen Schläger triumphieren: Da seht ihr – sie wehren sich noch nicht einmal, *die* haben wir mit unseren Anklagen voll getroffen – jetzt müssen wir ihnen die »technokratische Beschränktheit« vollends austreiben und ihnen das rechte – oder das linke – Gewissen total einsetzen.

Unsere zukünftige Arbeitswelt

Wir müssen – wie gesagt – zur Erhaltung unserer Existenzgrundlagen mit minimalem Ressourcenverbrauch maximale Werte schöpfen. Alle Lösungen dieses Problems führen auf hochkomplexe, intelligente Techniken, die viel wissenschaftlich-technische Kreativität voraussetzen.

Hier spielt die Automatisierung eine große Rolle – nach der Automatisierung werden Maschinen nicht mehr durch Menschen, sondern durch Computer gesteuert.

Die Automatisierung macht gegenwärtig rasante Fortschritte – vor allem durch die Einfügung von Mikroprozessoren unmittelbar in die Produktionsmaschinen. So werden relativ intelligente Funktionen schnell und zuverlässig ausgeführt. Die Automatisierung wird weiter getragen durch Handhabungssysteme oder »Roboter«, die ähnlich wie menschliche Hände Werkstücke ergreifen und in gewünschte Positionen bringen.

Ich bin davon überzeugt, daß man – wenn man in einigen Jahrzehnten auf die Geschichte der Automatisierung zurückblicken wird – den heutigen Automatisierungsschub nur als einen Anfang erkennen wird, nicht als Abschluß der Entwicklung.

Die Automatisierung dringt in der Produktionshierarchie immer weiter nach oben vor: Nach der Einzelsteuerung und ihrer Verkettung zur Prozeßführung kommt neuerdings die Fertigungsleittechnik. So nähern wir uns der automatischen Produktion, deren Funktionsablauf durch Computerprogramme bestimmt ist.

Das Wesen der Automatisierung ist der Ersatz des Menschen durch Computer bei der Kontrolle von Maschinen. Die Frage nach den Grenzen der Automatisierung führt somit zwingend auf die Frage nach den Grenzen der Computer.

Zu warnen ist vor dem Irrglauben, die Grenzen des Computers lägen dort, wo die Kunst des Programmierens gegenwärtig steht. Diese Vermutung hat mit den tatsächlichen Grenzen des Computers so wenig zu tun wie einstige Behauptungen »Fliegen mit Apparaten schwerer als Luft ist unmöglich« mit der Raumfahrt.

Was bisher über die Grenzen der Computer behauptet wurde, sind meist Glaubensbekenntnisse.

Man sollte *ernsthaft* darüber nachdenken, wie sich die Produktion und unser Zusammenleben verändern werden, wenn die Computer die Intelligenz von Menschen übertreffen.

Dieses Thema ist sehr ernst – seine bisherige oberflächliche Abhandlung in Form von Science-fiction und Horror-Visionen ist seiner Bedeutung gänzlich unangemessen.

Das, was man gemeinhin als »Verwaltung« bezeichnet – sei es nun im Staat oder in der Wirtschaft –, erweist sich bei einer gewissen Abstraktion als ein komplexer Vorgang der Speicherung, Verarbeitung und Übertragung von Informationen.

Die Informationsverarbeitung durch Computer ist in den letzten Jahren schon zur gewohnten Praxis geworden – die Informationsübertragung durch neue Methoden der Telekommunikation macht gegenwärtig rasche Fortschritte.

Da entsteht beispielsweise die immaterielle Briefbeförderung: Aufgegebene Briefe werden geöffnet, elektrisch abgetastet, über Leitungen, Richtfunkstrecken oder Satelliten an den Zielort übertragen, dort wieder auf Papier aufgezeichnet und dem Empfänger zugestellt. So schrumpft die Übertragungszeit zusammen auf die kurze Zeit für das Austragen der Briefe, während die Überwindung beliebiger Entfernungen praktisch zeitlos geschieht.

Mit der Ausbreitung der Computer entstand ein rasch wachsender Bedarf an Übertragungswegen für digitale Daten. Mit dem IDN, dem »Integrierten Fernschreib- und Datennetz« entsteht ein einheitliches System für Daten- und Fernschreibsignale, die auch den »Teletex«-Dienst bedient.

Die Europäische Gemeinschaft baut zusammen mit den nationalen Fernmeldeverwaltungen »Euronet« auf, das den Zugriff auf zahlreiche Datenbanken in Europa ermöglicht und damit wissenschaftliche, technische, wirtschaftliche, rechtliche und soziale Informationen überall in der EG verfügbar macht.

Die Büroarbeit verändert sich gegenwärtig sehr stark:

- Beispielsweise wird der Fernsprechbetrieb immer komfortabler durch Kurzwahl, Rufwiederholer usw.,
- beispielsweise wird die große und laute Fernschreibmaschine durch den kleinen, leisen und schnellen Bürofernschreiber ersetzt,
- beispielsweise wird die Zusendung von Zeichnungen und schriftlichen Unterlagen durch Faksimileübertragung erleichtert,
- beispielsweise werden Bildkonferenzsysteme aufgebaut, durch die eine Anzahl von Menschen in Bild und Ton verbunden werden, sich Bildvorlagen zeigen und Hardcopien übergeben können.

Zusammen mit den neuen Medien (vor allem dem Kabelfernsehen) entsteht die Möglichkeit des »elektronischen Marktes«, bei dem Waren auf dem Bildschirm angeboten und durch elektrische Signale bestellt und bezahlt werden.

Bei Geldinstituten können vollautomatische Schalter nach Identifikation des Kunden Barauszahlungen (auch in fremder Währung) und Einzahlungen erledigen, Auszüge, Quittungen und Formulare ausgeben und Überweisungen veranlassen.

Durch Telekommunikation können auch Transport und Verkehr entlastet werden – beispielsweise kann manche Berufsarbeit zuhause ausgeführt werden.

Die Verwaltungsarbeit wird durch Textautomaten und Teletex-Technik stark verändert.

Hier werden die Texte nach Tastatur-Eingabe zunächst auf einem Bildschirm sichtbar und zugleich (beispielsweise auf einer »Disketteneinheit«) elektronisch gespeichert. Umfangreiche Texte können mühelos abgerufen werden.

Durch Korrekturhilfe und Bedienerführung am Bildschirm können die gespeicherten Texte leicht verändert werden.

Schließlich können die endgültigen Texte fehlerfrei ausgedruckt werden – oder über das Teletex-Netz zu anderen Stationen übertragen werden.

Die Leistungsfähigkeit gegenwärtig üblicher Drucker ist imposant: Selbst »langsame« Typen schreiben eine DIN-A-4-Seite in einer Minute – die schnellsten schaffen die Seite in einer halben Sekunde.

Welche Dimensionen dieses Problem hat, möge folgende Angabe illustrieren: Bei einer Großfirma mit 52000 Mitarbeitern macht allein der interne Schriftverkehr im Jahr etwa 30 Millionen DIN-A-4-Seiten aus, deren Erstellungskosten auf runde 300 Millionen DM geschätzt werden.

Die Technik der Informationsverarbeitung hat bei der Verknüpfung, Speicherung und Programmierung in den letzten Jahren enorme Fortschritte gemacht. Sie ist aber beim Problem der Zeichenerkennung weit hinter einstigen Erwartungen zurückgeblieben.

Was heute Automaten auf dem Gebiet der Schriftzeichenerkennung oder Spracherkennung leisten, bleibt weit zurück hinter dem, was ein zehnjähriges Kind leistet.

Es ist dem Computer zwar möglich, bestimmte stilisierte Schriftzeichen (die OCR-Schrift, Optical Character Recognition) zu erkennen, es ist aber nicht möglich, das gesamte Spektrum benutzter Schriftzeichen – geschweige denn vorkommender Handschriften – zu erkennen.

Es ist möglich, einige gesprochene Kommandoworte automatisch zu erkennen, es ist aber nicht möglich, das gesamte Spektrum vorkommender Sprachsignale zu erkennen.

Automat und Mensch haben keine gemeinsame Sprache, jeder der beiden hat eine spezielle, ihm angemessene Kommunikationsform.

Mit der elektrischen Informationstechnik entstand die Computerkriminalität.

Typische Beispiele hierfür sind:

- Datenmanipulation: Ein Mitarbeiter einer Baugesellschaft gründete eine Scheinfirma, auf deren Konto er Gelder für angebliche Leistungen überwies.

- Programmanipulation: Zwei Unternehmen hatten vereinbart, die anfallenden Pfennigbeträge abzurunden. Ein EDV-Mitarbeiter veränderte die Abrechnungsprogramme so, daß die Pfennigbeträge seinem Konto gutgeschrieben wurden und verursachte so Millionenschäden.

Durch die Einführung der elektronischen Informationstechnik entstehen für die Revision in Betrieben und Verwaltungen ganz neue Probleme.

Hierzu einige Bemerkungen:

1. Zur Technik: Auch wenn die digitalen Informationssysteme in unserer Zeit einen Grad der Zuverlässigkeit erreicht haben, der in anderen technischen Bereichen kaum einmal erreicht wird, sollte man sich hierüber doch keine Illusionen machen: Auch Informationssysteme machen gelegentlich Fehler.

2. Zum Programm: Es gehört zu den wunderlichen Erfahrungen des Programmierens, daß durchdachte Programme, die in tausend Fällen zu richtigen Ergebnissen geführt haben, im tausendundeinsten Fall zu falschen Ergebnissen führen können.

3. Zur Ein- und Ausgabe: Werden alle Daten bei Ein- und Ausgabe ausreichenden Kontrollen unterzogen und gibt es zuverlässige Fehlermeldungen? Können Datenträger rekonstruiert werden? Wird kontrolliert, ob alle Listen und Ergebnisse vorhanden sind?

4. Zur Identifizierung: Können aufgetretene Fehler nachträglich identifiziert werden? Besonders pro-

blematisch sind hierbei technische Fehler, die bei der Einkreisung verschwinden und damit nachträglich jede Identifikation und Beseitigung unmöglich machen.

5. Zur Verantwortlichkeit für den Fehler: Sind Zugänge zum Informationssystem durch Schlösser, Kenncodes, Paßwörter usw. ausreichend abgesichert? Sind Eingriffe eindeutig zurechenbar? Ist die Programmierung ausreichend dokumentiert? Ist durch Funktionsteilungen sichergestellt, daß Sicherheitsmaßnahmen nicht unterlaufen werden können? Sind die Maßnahmen bei Brand, Kurzschluß, Stromausfall usw. klar festgelegt? Sind alle relevanten Unterlagen zuverlässig archiviert?

Zu diesen speziellen Problemen kommen noch einige generelle.

Vor allem die Unsicherheit der Übertragung digitaler Daten: Man kann über alle realen Übertragungswege Daten nur mit einer endlichen Fehlerwahrscheinlichkeit übertragen.

Und kein Verfahren der Fehlererkennung und Fehlerkorrektur ergibt immer absolut richtige Ergebnisse.

Grundsätzlich bedenklich ist die Anonymität der Zeichen:

Die elektronische Verwaltung benutzt eindeutig codierte und damit anonyme Zeichen. Bei ihr kann man zwar mit zusätzlichem Aufwand registrieren, wann welche Information eingegeben wurde – nicht jedoch zuverlässig, *wer* es getan hat: Es fehlt das Äquivalent zur Unterschrift. Bei der Revision kann nicht so leicht wie bei der Papierverwaltung festgestellt werden, wer welchen Vorgang zu verantworten hat.

Zur Behebung dieses Mangels kann man Sicherungen einbauen, z. B. Sicherung durch Schlüssel, durch Sprecheridentifikation oder durch Identifikation des Fingerabdrucks.

Ob jedoch mit derartigen Sicherungen jemals *die* Verbindlichkeit erreicht werden kann wie mit der Unterschrift, muß die zukünftige Praxis noch lehren.

Häufig wird man sich mit der Mikro-Verfilmung und Archivierung der Urbelege behelfen müssen. Aber in manchen Fällen werden gar keine Urbelege mehr entstehen: Beispielsweise, wenn Waren auf dem Bildschirm angeboten und durch Knopfdruck gekauft und bezahlt werden.

Im Hinblick auf die zukünftige elektronische Verwaltung erscheint die Schnelligkeit des Geschehens als ein bedenkliches Problem, dessen Konsequenzen m. W. noch niemand zu Ende gedacht hat.

Bisher war Verwaltungsgeschehen zeitlich übersehbar, kontrollierbar, rückholbar. Aber das praktisch zeitlose Geschehen der elektronischen Verwaltung ist nicht mehr übersehbar, kontrollierbar, rückholbar – da breiten sich Folgen explosiv aus.

Die Automatisierung macht gegenwärtig auch im

Haushalt rasche Fortschritte. Auch hier ergeben sich mit den intelligenten, kleinen und relativ billigen Mikrocomputern neue Möglichkeiten

- zum sparsameren Umgang mit der Energie,
- zum Schutz der Umwelt – und
- für komfortablere, bequemere Geräte.

Die Automatisierung von Haushaltsgeräten zeigt sich beispielsweise an elektronisch gesteuerten Waschvollautomaten, Elektroherden, Geschirrspülautomaten, Wäschtrocknern, Staubsaugern, Heimbüglern usw.

Die Abschätzung der Kostenentwicklung zeigt, daß neuerdings die elektronischen Steuerungen kostengünstiger als die elektromechanischen sind – und die elektronischen Steuerungen zusätzlich auch noch den Vorteil der flexibleren Funktion einbringen.

Nach dem Einschalten des Gerätes spielt sich häufig ein Dialog mit dem Benutzer ab: Die Maschine fragt nach den »Primärdaten«, z.B. der Wäscheart, dem Verschmutzungsgrad, der Füllmenge usw. Aus diesen Angaben ermittelt der Mikroprozessor das optimale Programm.

Er führt hierbei unsinnige Anweisungen nicht aus, z.B. Wolle zu heiß zu waschen.

Der Energieeinsparung dient auch die neuerlich gebotene Möglichkeit, einen Warmwasseranschluß in die

Steuerung einzubeziehen und damit z. B. Solarenergie in der Waschmaschine auszunutzen.

Nicht nur bei Waschautomaten ist der baldige zunehmende Einsatz von Mikrocomputern vorauszusehen, sondern auch bei vielen anderen Haushaltsgeräten, so bei Elektroherden.

Typisch für mikrocomputergesteuerte Herde ist, daß auf den Kochplatten und im Bratofen ein vielfältiges Menü so zubereitet werden kann, daß alle Teile gleichzeitig fertig sind und serviert werden können.

Andere Computer überwachen den Vorrat in Tiefkühlgeräten, signalisieren Verderbdaten und geben Auskünfte über den Bestand.

Bei der Automatisierung des Haushaltes darf die optimale Kontrolle der Raumheizung nicht übersehen werden. Hier können ja enorme Energiemengen eingespart werden: Rund 40% der gesamten Endenergie werden in der Bundesrepublik Deutschland für die Raumwärme verwendet. Hiervon können etwa 15% durch geeignete Steuerungen eingespart werden.

Darüber, wie die Automatisierung des Haushaltes weitergehen könnte, kann man phantastische Vorstellungen entwickeln. Beispielsweise, wie ein zentraler Hauscomputer das Zusammenspiel der verschiedenen Haushaltsgeräte steuert, wie auf dem Fernsehschirm (außer dem laufenden Krimi) nebenbei auch der automatische Ablauf der großen Wäsche und die automatische Herstellung des Abendessens verfolgt werden kann, wie der Hauscomputer alles energiesparend steuert und dafür sorgt, daß das Netz nicht überlastet wird.

Ein weiterer Schritt in Utopia ist der Haushalt als totale Maschine, die unter Beachtung der Jahreszeit, der Fernsehprogramme und des Marktangebots höchste Lebensqualität produziert – wo die Angehörigen der Familie – pardon, der »Hausgemeinschaft« – nur noch das gemeinsame Menü, das gemeinsame Fernsehprogramm und das gemeinsame Bett konsumieren. (Zugegeben: Mir graut vor einer solchen Situation!)

Im Zusammenhang mit der rasanten Entwicklung der Elektronik werden neuerdings vielerlei elektronische Hilfsmittel auch in das Kraftfahrzeug eingebaut.

Beispielsweise ist für die Sicherheit das Abstandswarnradar von großem Interesse. Viele Verkehrsunfälle ergeben sich ja aus dem zu dichten Auffahren der Kraftfahrzeuge. Gefährlich sind hierbei schlechte Sichtverhältnisse durch Nebel, Regen oder Schnee. Manche Autofahrer schätzen den Abstand zum vorhergehenden Fahrzeug falsch ein, oder sind so ermüdet, daß sie ihn kaum mehr beachten. Das Abstandswarnradar soll den Kraftfahrer frühzeitig vor zu dichtem Auffahren oder vor Hindernissen in Fahrtrichtung warnen.

Durch Anti-Blockier-Systeme soll auch bei ungünstigen Verhältnissen eine wirksamere Bremsung ohne seitliches Ausbrechen oder Lenkunfähigkeit des Fahrzeugs verwirklicht werden. Dies braucht recht komplizierte informationsverarbeitende Prozesse.

Erwähnt seien weiter elektronische Temporegler, Leerlaufstabilisierung, Reifendrucküberwachung, elektronisch regulierte Heizung, Geschwindigkeitswarngeräte, Gurtwarner usw.

Bessere Übersicht bei der Bedienung des Kraftfahrzeugs verbessert die Wahrnehmung und Verarbeitung von Gefahrensituationen und vergrößert damit die objektive Sicherheit.

Eine spezielle technische Entwicklung ermöglicht Körperbehinderten die Lenkung. Beispielsweise können akustische Sprachsignale durch einen Mikrocomputer zu Stellsignalen für Gurtanlegen, Motoranlassen, Gangeinlegen, Blinklicht usw. verarbeitet werden.

Für den Rundfunk-Empfang im Kraftfahrzeug entstanden Empfangsgeräte mit speziellen Leistungen.

Als »ARI« wird das »Autofahrer-Rundfunk-Informationssystem« bezeichnet, durch das der Fahrer automatisch Verkehrsmeldungen bekommt – auch wenn er gerade etwas ganz anderes hört, z. B. Hi-Fi-Musik aus der Kassette. Hierzu entstanden neuerdings Geräte, die das Suchen, Auffinden und Einstellen der Sender vollautomatisch erledigen, dazu vielfach auch noch die Auswahl des örtlich günstigten Senders.

Einen weiteren Schritt bringt »ALI«, das »Autofahrer-Lenkungs- und Informationssystem«. Durch dieses werden Verkehrsdatenerfassung, Verkehrsflußoptimierung und Verkehrslenkung vollautomatisch verwirklicht.

Hierzu registrieren Induktionsschleifen in der Fahrbahn nicht nur die Bewegung des Fahrzeugs, sondern auch das Fahrziel, das der Fahrer bei Antritt der Fahrt eingetastet hat. Unterwegs erhält er an jeder Verzweigung, z. B. Autobahn-Ausfahrt, einen Hinweis auf der optischen ALI-Anzeige, welche Richtung er einschlagen muß, um sein Ziel auf dem zeitlich kürzesten Weg zu erreichen.

Diese Hinweise werden in zentralen Computern erstellt, die über Fahrzeugbewegungen, Staus, Umleitungen, Baustellen usw. informiert sind und ermitteln, wie der Fahrer sein Ziel optimal erreichen kann.

Als Vorteile dieses ALI-Systems erscheinen: Optimierung des Verkehrsflusses, Verminderung von Unfällen, Einsparung von Zeit und Kraftstoff.

Es fällt mir aber schwer, diese Technik ohne Bedenken zu erwähnen:

1. Wenn sich die meisten Kraftfahrer einmal auf dieses ALI-System verlassen, und es fällt aus, dann sind schlimme Störungen zu erwarten.

2. Weiter stellt sich die Frage: Wird der Kraftfahrer, der ständig auf die ALI-Anweisungen »von oben« wartet, nicht in seinem Verhalten verändert – wird er nicht auch außerhalb seines Vehikels auf das Signal »von oben« warten? Könnte ein solches »Lenkungs- und Informationssystem« nicht ein perfektes System zur Einübung der Untertänigkeit werden?

Es ist schon lange üblich, reale oder gedachte Systeme, vor allem technische Systeme, auf Computern zu »simulieren« – das heißt, ihre funktionalen Eigenschaften mit Hilfe geeigneter Modelle abzubilden.

Ein typisches Beispiel hierfür ist der Flugsimulator, der das Verhalten eines bestimmten Flugszeugtyps unter verschiedenen Flugbedingungen und bei verschiedenen Steuermaßnahmen des Piloten abbildet, so daß Flugschüler die in verschiedenen Flugsituationen zweckmäßigen Steuermaßnahmen gefahrlos am Boden erlernen können.

Ein anderes Beispiel ist die Simulation elektrischer Netzwerke, z. B. von Hochspannungsnetzen, deren Eigenschaften ermittelt werden können, ohne daß sie überhaupt aufgebaut werden.

Werden die realen oder gedachten Systeme nicht genügend genau abgebildet, dann hat die Simulation keinen Wert. Dies zeigen vor allem die einstigen Weltmodelle des »Club of Rome«.

Die Simulation reizt dazu, die Modelleigenschaften im Computer so zu verändern, daß neue Systeme entstehen, die bessere Eigenschaften als bisher existierende oder bisher entworfene haben. Damit kommt man zu *dem* Bereich der Informationsverarbeitung, der als Computerunterstütztes Konstruieren, als »Computer Aided Design«, CAD bezeichnet wird. Hier werden simulierte Konstruktionen solange verändert, bis sie optimale Eigenschaften haben.

Hierbei spielen Bildschirmarbeitsplätze, vor allem dialogfähige Bildschirmarbeitsplätze, automatische Zeichengeräte usw. eine große Rolle.

Computerunterstütztes Konstruieren ist schon jetzt notwendig für die Gestaltung der Chips, der Silizium-Scheibchen, auf denen gegenwärtig tausende elektronischer Schaltelemente verschiedener Funktion untergebracht werden.

Hier geht es nicht nur um die optimale Raumaufteilung, sondern auch um möglichst kreuzungsfreie Verdrahtung, kurze Signallaufzeiten, wenig äußere Anschlußpunkte, leichte Prüfbarkeit usw.

Die neuesten Entwicklungen höchstintegrierter Schaltungen mit zehntausenden oder hunderttausenden elektronischer Schaltelemente können ohne CAD überhaupt nicht mehr vernünftig realisiert werden.

Durch Einführung derartiger Computerunterstützter Konstruktionssysteme wird sich das Berufsbild des Konstrukteurs verändern – er muß außer dem bisher geforderten konstruktiven Wissen und Können auch noch die CAD-Technik beherrschen.

Eng verwandt mit den Problemen der Computerunterstützten Simulation und Konstruktion sind die Probleme der Computerunterstützten Planung. Hier geht es beispielsweise um die Frage: Wie können Menschen, Maschinen, Material, Geldmittel usw. so in eine funktionale Ordnung gebracht werden, daß bestimmte Bewertungskriterien optimal erfüllt werden – beispielsweise eine Fertigungswerkstatt in gegebener Zeit möglichst viel produziert? Oder ein Verkehrssystem mit möglichst geringem Treibstoffverbrauch die vorliegenden Verkehrsanforderungen befriedigt?

Bemerkenswert ist, daß neuerdings auch in der Chemie die Computerassistierte Syntheseplanung aufkommt: Sie soll dem synthetisierenden Chemiker zweckmäßige Vorgehensweisen entwerfen.

Computerunterstützte Planung unterscheidet sich vom Computerunterstützten Konstruieren vor allem dadurch, daß dort materielle Objekte optimal in eine räumliche Anordnung gebracht werden und hier Menschen, Maschinen, Material, Geldmittel usw. optimal in eine raum-zeitliche Anordnung gebracht werden.

Hier könnte einer nun leicht in den Jubelsturm ausbrechen: Mit solchen Methoden der Computerunterstützten Planung sind alle Organisationsprobleme vollautomatisch zu lösen: Man entwickelt ein Simulationsmodell, gibt die verfügbaren menschlichen und materiellen Ressourcen ein und optimiert dann das System.

Aber leider sind die Probleme viel schwieriger:

Zwar wird zweifellos die Simulation in Zukunft beträchtliche Fortschritte über das gegenwärtig schon Bekannte hinaus bringen und dann auch die Optimierung von Systemen ermöglichen, an die man bisher noch nicht denkt. Ein Management, das diese wirksamen Methoden nicht nutzt, wird hinter seinen aufgeschlosseneren Konkurrenten zurückbleiben.

Aber die Überschätzung dieser Methoden hat auch schon zu geradezu grotesken Entwicklungen geführt – beispielsweise zu Lehrplänen für Wirtschaftsingenieure, die nur noch Optimierungsmodelle kennen, in der wirtschaftlichen Realität aber gänzlich hilflos sind.

Der Manager, der sich in dieser widersprüchlichen Situation vernünftig verhalten will, muß ein Gespür dafür entwickeln, was diese Planungs- und Optimierungsmethoden an harten Erkenntnissen liefern und was nur Hochstapelei verliebter Experten ist.

Er muß auch dies bedenken: In unserer schnellebigen Zeit verändern sich die Daten, die funktionellen Zusammenhänge und die Optimierungskriterien sehr rasch – deshalb kann ein Modell oder Ergebnis, das gestern noch brauchbar war, heute schon irreführend oder sinnlos sein.

Die Möglichkeiten der Computer entlasten den Manager *nicht* von seinem berufstypischen Risiko – sie verlagern nur sein Risiko auf eine andere Ebene.

Der Manager muß auch im Zeitalter der Computer mit dem Risiko leben.

Wo immer die Alternative besteht, entweder hohe Kosten für einen Mitarbeiter zu tragen oder aber eine Automatik für einige zehntausend oder hunderttausend Mark zu installieren, zwingt die Ökonomie zur Automatisierung – sei es nun in der Produktion, sei es in der Verwaltung.

Vermutlich wird die Automatisierung große Freisetzungseffekte haben.

Sicher ist, daß sich viele Berufsbilder in Produktion und Verwaltung grundlegend verändern.

Beispielsweise können hochwertige Fachleute für mechanische oder elektromechanische Maschinen die neuen elektronischen Geräte meist weder produzieren, noch aufbauen, noch ihre Fehler diagnostizieren, noch reparieren. So steht z. B. ein hochwertiger Schreibmaschinenmechaniker ziemlich hilfslos vor der Elektronik der Schreibautomaten.

Die bei Bürokräften vorhandenen Stenografie-Kenntnisse sind nach Einführung elektronischer Diktiergeräte meist nutzlos – aber die Erfahrung mit Textautomaten fehlt meist gänzlich.

Parallel zur Umstrukturierung dürfte eine Verlagerung der subjektiven Belastung gehen: Die körperlichen Belastungen werden meist abnehmen – die psychischen meist zunehmen. Dabei ist auch zu bedenken, daß manche unangenehmen und nervenaufreibenden Arbeitsvorgänge durch Automaten übernommen werden.

Problematisch ist vor allem die Gestaltung der Bildschirm-Arbeitsplätze: Ist die Körperhaltung der menschlichen Anatomie angepaßt, sind Leuchtdichte, Kontrast und Zeichengröße dem Auge angepaßt, ist die Tastatur optimal?

Ferner: Ist die Arbeitsorganisation und sind die Arbeitszeiten dieser Technik angepaßt und werden die Bürokräfte für diese Arbeit richtig ausgebildet?

Die gegenwärtige Entwicklung der Telekommunikation führt dazu, daß manche Berufsarbeit, vor allem Büroarbeit, zuhause ausgeführt werden kann, z. B. am Bildschirm.

Eine solche Heimarbeit könnte beträchtliche soziale und wirtschaftliche Folgen haben. Beispielsweise würden oftmals die Grenzen zwischen Arbeit und Freizeit verfließen, könnten viele Mütter in den Arbeitsprozeß eingegliedert werden. Die persönliche Befriedigung durch die Arbeit könnte z. T. größer werden. Der Straßenverkehr könnte entlastet werden.

Aber andererseits ist es für viele Mitarbeiter, vor allem Bürokräfte, der besondere Reiz der Berufstätigkeit, mit anderen Menschen zusammenzukommen. Auch dürfte die Heimarbeit zu strengen Überwachungsmethoden zwingen und damit z. T. die Unzufriedenheit vergrößern.

Vermutlich wird langfristig die telekommunikative Heimarbeit einen beträchtlichen Anteil der Berufsarbeit übernehmen.

Es gibt keinen Zweifel daran, daß die verfügbare Technik allerorten einen viel höheren Automatisierungsgrad ermöglichen würde, als bisher verwirklicht wurde. Ein wichtiger Grund hierfür liegt im unzureichenden Organisationsvermögen des Menschen – also in seinem Unvermögen, komplexere Formen der Automatisierung zu entwerfen und mit den verfügbaren Mitteln zu verwirklichen.

Unsere Arbeitswelt ist auf eine zuverlässige Energieversorgung angewiesen.

Hier liegt ein kurzer historischer Rückblick nahe: Einst – in vortechnischer Zeit – war »man« nicht auf technische Energieversorgung angewiesen: Die Arbeit wurde durch eigene Körperkraft, durch Tiere oder Sklaven geleistet.

Welche enorme politische Dimension aber schon damals die Energieversorgung hatte, zeigt Max Webers Vermutung, »der Untergang der antiken Kultur« sei durch Mangel an Sklaven, also durch Mangel an vortechnischer Energie ausgelöst worden.

Aber in unserer Zeit hat die Energieversorgung eine noch viel größere politische Dimension: Ohne Energie bricht unsere Technostruktur, der häusliche Haushalt und der Verkehr wie ein Kartenhaus zusammen: Ohne Energie geht nichts mehr.

Unsere demokratischen Parteien haben sich (in vielfach dramatischen Auseinandersetzungen) auf weitgehend übereinstimmende energiepolitische Zielvorstellungen geeinigt: Wir müssen – außer der selbstverständlichen Energieeinsparung auf allen Gebieten – vor allem den Verbrauch von Erdöl und Erdgas einschränken und die Primärenergieträger Kohle und Kernenergie nutzen.

Für Kohle spricht, daß wir reichliche Vorräte (Braunkohle und Steinkohle) im eigenen Lande haben – gegen sie, daß Kohlekraftwerke relativ umweltschädlich sind (von ihnen drohen Luftverschmutzung, Veränderung der Atmosphäre und des weltweiten Klimas), und auch, daß die Steinkohleförderung bei uns gefährlich und teuer ist. Vermutlich werden wir in den kommenden Jahrzehnten einen zunehmenden Anteil der benötigten Steinkohle importieren müssen.

Zum zentralen Problem innenpolitischer Auseinandersetzungen wurde neuerdings die Frage, ob und in welchem Umfange wir Kernkraftwerke bauen sollen.

Die Argumente *gegen* sie werden ja ständig verbreitet. Erinnern wir uns deshalb kurz der wichtigsten Argumente *für* Kernkraftwerke!

Mehrere sorgfältige Untersuchungen über die Risiken verschiedener Energiequellen zeigen unabhängig voneinander, daß die Stromerzeugung aus Kernenergie weniger gefährlich ist als diejenige aus Steinkohle, Braunkohle und Öl – nur die Stromerzeugung aus Wasserkraft ist noch weniger gefährlich als diejenige aus Kernenergie.

Wer da meint, in der Bundesrepublik Deutschland könnten wir ohne drastischen Abbau unseres industriellen Potentials und ohne Absenkung unseres Wohlstandes auf Kernenergie verzichten und unseren Strombedarf durch Sonnenenergie, Windenergie, Gezeiten oder Erdwärme decken, der überschätzt deren Möglichkeiten in unserem mit Fläche, Sonnenschein und Küstenlänge so schlecht ausgestalteten Landes bei weitem.

Was hier mit den sogenannten »alternativen« Energiequellen geleistet werden kann, ist Fachleuten ja längst bekannt: Auch mit gigantischen Installationen (die sehr viel Geld und Energie kosten) kann nur wenig Energie produziert werden – dafür wird aber die Umwelt schauerlich entstellt und es entstehen neue, bisher unbeachtete Gefahren.

Kennzeichnend für die Ergiebigkeit der Sonnenenergie ist eine Berechnung, nach der zum Ersatz eines typischen Kernkraftwerks eine Sonnenkraftanlage in Tunesien mit 180 Quadratkilometern Kollektorfläche aufgebaut werden müßte, dazu gigantische Hochspannungsleitungen und riesige Nachtspeicherwerke.

Während die sogenannte »harte« Energiepolitik anstrebt, die Kohle-, Öl- und Erdgasförderung zu steigern und die Kernenergie auszubauen, soll die vielfach propagierte »sanfte« Energieversorgung auf Kernenergie gänzlich verzichten, Kohle-, Öl- und Gasvorkommen weitgehend schonen und sich auf regenerierbare Energiequellen beschränken: Sonnenenergie für Heizung und Brauchwasser, Biogas als Treibstoff, Wind- und Wasserkraftwerke zur Elektrizitätsversorgung.

Diesen Entwurf einer »sanften« Energieversorgung begründen ihre Vorkämpfer nicht nur mit befürchteten Katastrophen, wie z. B. Klimaveränderung durch Zunahme des Kohledioxydgehalts der Atmosphäre, sondern auch mit geradezu paradiesischen politischen Visionen.

Ernsthafte sozialwissenschaftliche Untersuchungen führen aber auf wohlbegründete Zweifel, ob die »sanfte« Technik schließlich auch zu einem »sanften« Zusammenleben führen wird. Wahrscheinlich braucht die Erhaltung dieses »sanften« Zustandes sehr unsanfte Polizeistaatsmethoden.

Was wäre zu befürchten, wenn wir auf Kernenergie verzichten würden? Die starke Energieverteuerung, die sich danach ergäbe, würde zu vielen Versorgungsengpässen und unproduktiven Umstrukturierungen führen. Viele Produktionen mit hohem Energieverbrauch würden sehr teuer und müßten aus unserem Lande ausgelagert werden. Unsere Kerntechnik fiele als Exportfaktor aus: Wie sollten ausländische Kunden einer Technik trauen, der man im eigenen Land nicht traut?

Die Leistungsbilanz unserer Volkwirtschaft würde durch Energieverteuerung und Exportschwund zusätzlich verschlechtert werden. Bruttosozialprodukt und Kaufkraft unserer Währung gingen drastisch zurück.

Wo bliebe da die Finanzierung der sozialen Sicherung, der Entwicklungshilfe und Verteidigung? Wie würde unsere enorme Staatsverschuldung verzinst und getilgt?

Glaube niemand, dies seien Probleme eines fernen

Staates, einer unverstandenen Wirtschaft oder ungeliebter Unternehmer – nein, diese Probleme werden uns alle hart treffen durch steigende Preise, sinkenden Verdienst, sinkende Altersversorgung und zunehmende Arbeitslosigkeit: Bei leeren Kassen helfen alle Besitzstandsgarantien nichts mehr.

Informationsgesellschaft und Kreativität

Welche politischen Probleme durch die Anwendung der modernen Informationstechnik entstehen, hat George Orwell in seinem utopischen Roman »1984« schon lange festgestellt.

Wir sind dem Datum 1984 nahe gekommen – und die technische Entwicklung hat alles möglich gemacht, was Orwell einst befürchtet hat –, aber die politische Ordnung dieser technischen Möglichkeiten geht vielfach Wege, als ob Orwell nie gewarnt hätte.

Sicher ist dies: Hochentwickelte Gesellschaften werden in der Zukunft viel mehr als in der Vergangenheit durch die Informationstechnik bestimmt sein. Immer mehr Telekommunikation besorgt den Transport von immer mehr Information, die teils von Menschen, teils von immer leistungsfähigeren Computern verarbeitet wird.

Zu dieser Einschätzung einer zunehmenden Bedeutung der Informationstechnik führen übereinstimmend empirische Befunde, soziologische Analysen und technische Entwicklungen.

Man spricht deshalb ja häufig von der zukünftigen »Informationsgesellschaft«. Auch wenn dieser Begriff etwas vage ist – vergleichbar den vagen Begriffen »Agrargesellschaft« oder »Industriegesellschaft« –, ist er doch geeignet, den Trend der Entwicklung deutlich zu machen.

Bisher wurden in der Volkswirtschaft meist diese drei Sektoren unterschieden:

- Landwirtschaft
- Industrie
- Dienstleistungen.

Aber neuerdings erweist es sich als zweckmäßig, die Informationstätigkeiten gesondert auszuweisen.

Dabei bestimmt in hochentwickelten Gesellschaften die Informationstätigkeit die meisten Arbeitsplätze. So nennt eine US-amerikanische Statistik von 1980 folgende Anteile:

● Landwirtschaft	3%
● Industrie	23%
● Dienstleistung	27%
● Information	47%

Diese Entwicklung zur Informationsgesellschaft wird getragen durch zwei sich gegenseitig verstärkende Tatsachen:

- Einerseits die geradezu explosiven Fortschritte der Informationstechnik – und

- andererseits das zunehmende Bedürfnis hochentwickelter Gesellschaften nach Informationen.

Erinnern wir kurz einige technische Fortschritte:

- Mikrocomputer, kleiner als ein Pfennig, leisten gegenwärtig etwa dasselbe wie vor zwanzig Jahren sälefüllende Installationen – und ein Ende der Miniaturisierung und Geschwindigkeitssteigerung ist noch gar nicht abzusehen.

- Massenspeicher können Billionen (Million mal Million) alphanumerischer Zeichen speichern – so viel wie große Bibliotheken mit einigen hunderttausend Büchern. Aus ihnen kann jede adressierte Information in Sekundenschnelle entnommen werden – was bei den Bibliotheken sicher nicht möglich ist.

- Haardünne Glasfasern könne bei der Informationsübertragung dicke Kupferkabel ersetzen. Über eine solche Glasfaser kann man beispielsweise den Informationsgehalt der ganzen Bibel in einer einzigen Sekunde übertragen.

Bei den Zwängen zur Nutzung wirkungsvoller Informationssysteme lassen sich – außer der Unterhaltung – vor allem die folgenden drei unterscheiden:

1. Der ökonomische Zwang: Vielfältige Arbeitsteilung und großräumiger materieller Austausch zwingen zu schnellen Absprachen mit nahen und fernen Partnern und zu komplexer Planung und Disposition. Derartige Lenkungsaufgaben können ohne hochwertige Informationssysteme nicht gelöst werden.

2. Der kulturelle Zwang: Das öffentliche Informationsbedürfnis wurde durch Aufklärung, Kritik und Mitbestimmung enorm gesteigert und kann ohne wirkungsvolle Informationssysteme nicht befriedigt werden.

3. Der politische Zwang: Komplexes Zusammenleben mit zunehmenden bürokratischen Steuerungen und Kontrollen kann ohne hochwertige Informationssysteme nicht realisiert werden.

Das Ausmaß dieses politischen Zwanges hängt wesentlich von den Grundsätzen der politischen Organisation ab.

So braucht ein politisches System, das auch die Wirtschaftslenkung als Staatsaufgabe versteht, viel mehr Medien bürokratischer Lenkung und damit Informationssysteme als ein liberales politisches System, das wirtschaftliche Vorgänge weitgehend dem Markt überläßt.

Aber auch im Spektrum liberaler politischer Systeme hängt das Ausmaß bürokratischer Lenkung und benötigter Informationstechnik davon ab, wie weit sich der Staat in das soziale und wirtschaftliche Geschehen einschaltet.

Umgekehrt hat aber die politische Organisation auch einen starken Einfluß auf die Fortschritte der Informationstechnik: Die moderne Informationstechnik ist ein exklusives Produkt derjenigen Länder, in denen Freiheit und Konkurrenz vorherrschen, während die staatlich gelenkten Länder bei ihrer Entwicklung weit zurückliegen.

Bedenklich ist es, wie wir in der Bundesrepublik Deutschland diese zukunftsträchtige Entwicklung verschlafen. Während man in den USA die Information mit dem Öl der Araber vergleicht und deshalb durch »Deregulation« sinnlose Hemmungen beseitigt, steht man in unserem Lande starr und hilflos vor den neuen Problemen und schiebt die notwendigen Entscheidungen von einer Expertenkommission zur anderen.

Sicher ist dies: Die gegenwärtigen Fortschritte der Informationstechnik werden noch größere Veränderungen des menschlichen Zusammenlebens und Zusammenarbeitens bewirken als es einst die Erfindung des Buchdrucks tat.

Sucht man – jenseits aller vordergründigen Zwänge – nach den Gründen für die Entwicklung zur Informationsgesellschaft, dann erkennt man schließlich, daß die Informationsgesellschaft – und nur diese – die Kreativität schafft, die eine hochwertige Weltwerkstatt braucht, um international konkurrenzfähig zu sein.

Kreativität ist ja immer ein Vorgang im Bereich der Information – beispielsweise die Erzeugung neuer, wertvoller Entdeckungen, Erfindungen, Organisationsstrukturen usw.

In einer schnell veränderlichen und riskanten Welt kann sich die Weltwerkstatt nur mit viel Kreativität erhalten: Mit langsamen Reaktionen und mäßigem Verstand kann sie sich nicht behaupten.

Aber für viele Mitbürger sind Computer und Telekommunikation unverständliche Zauberwerke, deren Gesetzlichkeit, Grenzen und Folgen nicht verstanden werden und die deshalb beliebig glorifiziert oder verteufelt werden können. Hier entsteht eine neue Entfremdung – ein Gefühl, die Realität nicht zu verstehen und Werkzeuge zu benutzen, die man nicht begreift.

Hier könnte sich leicht eine Maschinenstürmergesinnung entwickeln, wie sie sich zu unser aller Schaden angesichts der Kernenergie entwickelt hat.

Hier muß man sich – wie bei der Kernenergie und allen anderen technischen Entwicklungen – um sachliche Aufklärung bemühen.

Die Informationstechnik verändert nicht nur unsere Arbeitswelt, sondern auch unser soziales und politisches Zusammenleben.

Typische Verwaltungen und Ämter – welche die für unser Zusammenleben und Zusammenarbeiten notwendigen Informationen registrieren und fortschreiben (z. B. Einwohner, Eigentumsverhältnisse, Einkommen, Verträge, Patente) – sind vor allem große Informationsspeicher.

Die Eigenschaften technischer Informationsspeicher werden durch ihre Kapazität und ihre Zugriffszeit gekennzeichnet.

Die Speicherkapazität wird meist in Byte angegeben: Ein Byte entspricht einem Zeichen, sei es nun ein Buchstabe, eine Zahl oder ein Funktionszeichen.

Eine Schreibmaschinenseite entspricht etwa 2000 Byte, ein mittleres Buch etwa einer Million Byte (einem Megabyte), eine Bibliothek mit tausend Büchern etwa einer Milliarde Byte (einem Gigabyte).

Dieser Bereich der Speicherkapazitäten wird von handelsüblichen Computerspeichern abgedeckt: Von den Arbeitsspeichern mit Megabyte Kapazität bis zu elektromechanischen Massenspeichern mit einigen hundert Gigabyte Kapazität.

Während große elektromechanische Massenspeicher Zugriffszeiten im Bereich von Sekunden haben, liegen die Zugriffszeiten schneller Arbeitsspeicher gegenwärtig unter einer Mikrosekunde und nähern sich dem Nanosekundenbereich. (In einer Nanosekunde legt das Licht einen Weg von dreißig Zentimetern zurück).

Über der Vielzahl neuer Speicher für digital codierte Zeichen darf man die Entstehung neuer Speicher für Bewegtbild-Information nicht übersehen.

Zum altbekannten Film trat in letzter Zeit

- der Videorecorder, welcher die reversible Aufnahme von Videosignalen gestattet, in mehreren Ausführungsformen: Vom MAZ für Rundfunkanstalten bis zum preiswerten Videorecorder für Amateurzwecke, farbtüchtig und in Kassetten mit Laufzeiten bis zu mehreren Stunden – und

- die Bildplatte zur irreversiblen Speicherung, vor allem von Fernsehdarbietungen, neuerdings mit berührungsloser Abtastung, so daß praktisch unbegrenzte Benutzungsdauern möglich werden.

Von der Bildplatte werden neuerdings digitale Speicher abgeleitet, die enorme Speicherkapazitäten haben werden: Auf einer Platte mit 30 cm Durchmesser 2500 Megabyte – etwa soviel wie in einigen tausend Büchern.

Auch das Speichermedium Mikrofilm sollte nicht übersehen werden: Er hat als beständiger Träger sehr großer Mengen uncodierter Information mit Sichtkontakt und einfacher Reproduktionsmöglichkeit auch in Zukunft große Bedeutung. Es ist erstaunlich, wie der Informationsgehalt sälefüllender Registraturen nach Mikroverfilmung in einem Köfferchen transportiert werden kann. Oder wie der Informationsgehalt eines Buches nach Mikroverfilmung in einem Brief verschickt werden kann. Neue Anwendungsbereiche ergeben sich durch den Zwang zur Rationalisierung und zum Umweltschutz.

Auch im Zusammenhang mit den neuen Medien, z. B. Bildschirmtext und Kabelfernsehen, sind neue Anwendungen für den Mikrofilm zu erwarten.

Die Paarung von Mikrofilm und Computer könnte im Prinzip zu idealen Informationssystemen führen, in denen gleichzeitig Speicherung, Transport, Verknüpfung, Sichtkontakt, Veränderbarkeit, Reproduktionsfähigkeit und Zuverlässigkeit (z. B. auch bei technischen Störungen) verwirklicht werden könnten.

Aber bisher funktioniert die Zusammenarbeit zwischen Mikrofilm und Computer nur in der einen Richtung: Information kann zwar vom Computer zum Mikrofilm fließen, im allgemeinen aber nicht vom (beliebig beschriebenen) Mikrofilm zum Computer.

Es gibt zwar COM: »Computer output on microfilm« – aber praktisch keinen CIM: »Computer input on microfilm« – und die Aussichten seiner Verwirklichung sind schlecht.

Andererseits könnte sich der Mikrofilm als unentbehrliches Hilfsmittel erweisen, um in der elektronischen Verwaltung das Prinzip Verantwortung zu verwirklichen: Durch Mikroverfilmung der Urbelege und Anweisungen.

Obwohl in unserer Zeit das Papier als vorherrschender Informationsträger durch die Elektrizität teilweise verdrängt wird, ist ein Ende des »Gutenberg-Zeitalters« doch unwahrscheinlich.

Die Druckmedien, also Bücher, Zeitungen und Zeitschriften haben spezielle Vorzüge:

- Während die elektronischen Medien durchweg einen beträchtlichen apparativen Aufwand erfordern, können Druckmedien ohne Vorleistungen konsumiert werden.

- Bei ihrer Lektüre kann der Leser seine Fortschrittsgeschwindigkeit subjektiv optimal einstellen, er kann schwierige Abschnitte beliebig oft repetieren oder er kann Uninteressantes überschlagen. Die Druckmedien sind – um es in der Computersprache zu sagen – die optimalen Informationsspeicher für das menschliche Wahrnehmungssytem bei wahlfreiem Zugriff.

- Bei den Druckmedien besteht kaum ein Zwang zur Einheitlichkeit – wie er beispielsweise im Zusammenhang mit öffentlichen Informationssystemen entstehen könnte. Die Druckmedien sind die Medien für pluralistische und kontroverse Denkweisen.

- Bei Druckmedien sind technische Störungen kaum zu erwarten – im Gegensatz zu den doch etwas störanfälligen elektronischen Geräten.

Ich vermute also, daß das vorausgesagte Ende des Gutenberg-Zeitalters nicht kommen wird – höchstens eine relative Abnahme der Druckmedien.

Die physischen und psychischen Eigenschaften des Informationskonsumenten Mensch sprechen beim Konsum komplexer und abstrakter Information stark für die Druckmedien.

Wenn es zwar alle die elektronischen Medien schon gäbe, nicht aber die Druckmedien, dann müßte man diese schleunigst erfinden.

Eine interessante Frage ist, wie das Ausbildungswesen durch die neuen Medien der Telekommunikation verändert wird.

Das Kabelfernsehen mit Rückkanal (»Breitband-Übertragung«) könnte das Ausbildungswesen total verändern. Aber dies ist noch umstritten und auch in Kenntnis internationaler Untersuchungen ungeklärt.

Sicher ist, daß die objektiven Möglichkeiten der Breitband-Ausbildung viel größer sind als diejenigen des Hör- und Fernsehrundfunks bisheriger Art:

- Einerseits durch das reichere Angebot, das eine stärkere Differenzierung nach Sachgebieten und Ausbildungsstufen ermöglicht – und
- andererseits durch den Rückkanal, der zusätzliche didaktische Möglichkeiten und Organisationsformen eröffnet.

In welchem Umfange diese Möglichkeiten tatsächlich genutzt werden, hängt ab von

- der Art der technischen und organisatorischen Gestaltung der Breitbandkommunikation, z. B. Art des Rückkanals, Ausbildung der Endgeräte (Festbildspeicher? Bewegtbildspeicher?)
- Der Einfügung dieser Art Ausbildung in die sonstige Ausbildung, z. B. in Schule, Hochschule, Berufsschule, Arbeitsgruppen usw.
- der Bereitstellung qualitativ und quantitativ angemessener Lehrprogramme – und
- der Akzeptant dieser Art Ausbildung durch die Öffentlichkeit, über die vor Verwirklichung von Pilot-

projekten gar nichts – und nach ihrer Verwirklichung erst nach mehreren Jahren etwas gesagt werden kann.

Als Nutzen dieser Ausbildung über Kabelfernsehen mit Rückkanal ist weniger irgendeine Einsparung – z. B. an Lehrpersonal – zu erwarten, sondern ein besserer Zugang zu den Lernmöglichkeiten (Chancengerechtigkeit!) und auch die Möglichkeit, neue Ausbildungsanforderungen rasch zu befriedigen.

Die Herstellung der Lehrprogramme braucht aber viele didaktisch vorgebildete Fachleute. Bevor irgendein Erfolg zu erwarten ist, müssen hohe Einstandskosten erbracht werden. Aber man wird auch nach der Etablierung viele didaktisch versierte Fachleute brauchen: Zur ständigen Verbesserung vorhandener Lehrprogramme und zur Erschließung neuer Sachgebiete.

Vermutlich wird diese Art Ausbildung langfristig eingefügt werden in das allgemeine öffentliche Informationssystem, wie es im Zusammenhang mit dem Bildschirmtext entsteht. So könnte sich ein stetiger Übergang von der Ausbildung zur Universalauskunft ergeben.

Wenn man die Möglichkeiten der gegenwärtig verfügbaren oder voraussehbaren Technik etwas großzügig kombiniert, dann kommt man zur Vorstellung eines Universal-Terminals, das den Endpunkt der Informationsübertragungstechnik darstellt – sofern man nicht an die Anzapfung des menschlichen Nervensystems oder an die Nutzung von Psi-Phänomenen glaubt.

Als Universal-Terminal kann man sich eine flache Karte vorstellen, etwa im Brieftaschen-Format, die folgendes leistet:

1. Sprachliche Ein- und Ausgabe über Mikrofon und Hörer.

2. Visuelle Ein- und Ausgabe über Fernsehkamera und Bildschirm, dazu Lichtgriffel für grafische Informationen.

3. Drahtlose zweiseitige Übertragung zu anderen Universal-Terminals und zu Datenbanksystemen.

4. Speicher für persönlich wichtige Informationen – etwa soviel wie ein typischer Aktenordner enthalten kann.

Mit einem solchen Universal-Terminal hätte man also die wichtigsten Informationen ständig örtlich präsent, könnte alle irgendwo verfügbaren Informationen in Ton, Schrift oder Bild in Sekundenschnelle herbeirufen und auch mit anderen Menschen in Bild und Ton kommunizieren.

Mit einem solchen Universal-Terminal könnte man beispielsweise

- alles tun, was gegenwärtig mit dem Telefon und demnächst vielleicht mit dem Bildtelefon möglich ist.

- überall und jederzeit die neuesten Nachrichten,

Börsenkurse oder Fußballergebnisse hörbar oder sichtbar empfangen,

- überall und jederzeit Fernsehprogramme oder Musikdarbietungen aus einem riesigen Repertoire abrufen.

- alle irgendwo vorhandenen Texte der Wissenschaft, Dichtkunst, des Rechtswesens usw. lesbar erscheinen lassen oder sich auch vorlesen lassen,

- eine papierlose Verwaltung in Staat und Wirtschaft organisieren,

- sein Tagebuch diktieren, worauf es im örtlichen Speicher oder – falls gewünscht – in der Zentrale gespeichert wird.

Die offene Frage ist: Wird man in fünfzig Jahren all das tun – oder wird der Mensch auch dann noch lieber z. B. ein Buch oder einen Brief schreiben?

Zu bedenken ist auch dies: Durch eine solche Technik würde die Abhängigkeit des Menschen von zentralen Infrastrukturen weiter verstärkt – was ja Kriminalität und Terrorismus geradezu herausfordert.

Bei der Produktion materieller Güter gibt es gute Gründe dafür, *nicht* zentrale Instanzen höchster Effizienz aufzubauen, sondern kleine und mittlere Einheiten. Hierfür sprechen nicht nur Argumente des Arbeitsmarktes, sondern auch der Krisensicherheit. Ein verästeltes Netz mit vielen kleinen Produktionen ist widerstandsfähiger gegen Störungen als ein zentralistisches System. Dies gilt für die Versorgung mit Information ebenso wie für die Versorgung mit materiellen Gütern.

Die politisch brisanten Probleme der Informationsgesellschaft liegen weniger im Bereich der Technik, der Hardware, sondern vielmehr im Bereich der Programmierung, der Software.

Hierbei ist es nur ein untergeordnetes Übel, daß der Kostenanteil für die Programmierung rasch zunimmt. Während die Hardware immer billiger wird, steigen die Kosten für die Software durch die steigenden Personalkosten und die zunehmenden Ansprüche der Programme.

Man will beispielsweise Programme, die den Benutzer auf die bestmögliche Benutzung hinführen und seine Fehler möglichst korrigieren.

Bei typischen Computeranwendungen liegen gegenwärtig die Kosten für die Software bei etwa der Hälfte der Gesamtkosten – aber ihr Anteil steigt ständig.

Doch diese Kostensteigerung ist hier von untergeordnetem Interesse – es geht um ganz andere Probleme von viel größerer Bedeutung.

Die politische Problematik der Programmierung zeigt sich besonders deutlich beim Bildschirmtext.

Beim Bildschirmtext werden Signale über das Fernsprechnetz übertragen und auf dem Bildschirm lesbar dargestellt. Der Empfänger kann interessierende Informationen in zentralen Datenbanken suchen, wozu eine bestimmte Suchstruktur vorgegeben wird, z.B. eine Dezimalklassifikation. Der Konsument bekommt auf dem Bildschirm zuerst ein Verzeichnis, das z. B. der ersten Stelle der Dezimalklassifikation entspricht. Durch Tastendruck wählt er dann eine bestimmte Position aus. Danach erscheint auf dem Bildschirm die nächstfeinere Unterteilung der Klassifikation, mit deren Hilfe er die zweite Dezimale signalisiert. Wenn er so eine Anzahl von Dezimalstellen ausgewählt hat, dann ist er – hoffentlich! – bei der gesuchten Information und erhält sie auf dem Bildschirm lesbar dargestellt.

Der Bildschirmtext ist nicht nur für die Öffentlichkeit schlechthin von Interesse, sondern z.B. auch für die Verbindung von Lieferanten mit ihren Kunden, Zeitungen mit ihren Lesern, Presseagenturen, Forschungseinrichtungen, Vereine und Verbände.

Klassifikation und Deskribierung waren bisher eine Wissenschaft oder vielleicht auch Kunst von Spezialisten, vor allem von Dokumentaren. Aber neuerdings stehen sie vor der Tür der Öffentlichkeit, vor allem in der Form der Suchstruktur des Bildschirmtextes.

Die Vorgabe solcher Strukturen ist kein nebensächlicher Vorgang, sondern wird schnell große praktische Bedeutung erlangen und dann allgemein Kommunikation und Denken bestimmen.

Wird beispielsweise A. D. Sacharow unter der Rubrik »Verräter« oder unter der Rubrik »Freiheitskämpfer« geführt?

Einst wurde gesagt: Wer am besten unterscheidet, ist der beste Philosoph. Aber jetzt werden Unterscheidungen durch die Informationstechnik vorgegeben.

Glaube niemand, hier könnten Form und Inhalt säuberlich voneinander getrennt werden – nein, die Festlegung der Klassifikationsstrukturen bestimmt das Denken allgemein sehr stark und zerstört die Pluralität.

Vermutlich gibt es gegen diese Gefahr nur einen einzigen Ausweg, nämlich auf einheitliche Informationssysteme grundsätzlich zu verzichten und bewußt eine Pluralität und Konkurrenz unterschiedlicher Systeme aufzubauen. Der Konsument soll so die Möglichkeit erhalten, die Antworten verschiedener Ideologien auf bestimmte Probleme zu erfahren und auch die Kunst des Vertrauens zu erlernen, für die es keine Anweisung gibt.

Auf keinen Fall darf die Ökonomie der Informationssysteme die Pluralität der Denkweisen zerstören.

An Datenbanken werden von nahen und fernen Quellen Informationen geliefert. Diese werden nach der Eingabe klassifiziert, komprimiert und in Großraumspeichern deponiert. Sie sollen durch einfache Abfrage wieder abgerufen werden können. Die entscheidende Leistung der Datenbanken ist die sekundenschnelle Präsenz der Information.

Typische Datenbanken sind Management-Informationssysteme, welche zuverlässige und aktuelle Informationen über größere Unternehmens- oder Verwaltungsbereiche in verdichteter Form bereitstellen.

Andere Beispiele sind Datenbanken für Fachinformationszentren, Einwohnermeldeämter, Kriminalämter, Banken, Patentämter, usw.

Diese stellen Informationen am richtigen Ort und zur richtigen Zeit zur Verfügung und ermöglichen dadurch besser fundierte Problemlösungen.

Die politische Problematik der Datenbanken wurde schon ausgiebig diskutiert, deshalb sei nur kurz hieran erinnert:

- Trotz aller technischer und organisatorischer Vorkehrungen kann niemand einen absoluten Datenschutz garantieren. Einerseits werden Spezialisten immer wieder Wege zur Umgehung der Schutzmaßnahmen finden (und dann enorme Datenmengen entnehmen können) und andererseits haben Automat und Mensch gelegentliche Fehlfunktionen gemeinsam.

- Durch solche Datenbanken wird die Verwaltung extrem empfindlich gegen technische Störungen, Sabotage und Streik. Solche perfekten und teuren Systeme werden durch ihre unvermeidbaren Normungen und Installationen zwangsläufig zu einem Klotz organisatorischer Immobilität.

- Es wurde vielfach festgestellt, daß auch staatliche Instanzen Daten nur dann abrufen dürfen, wenn dies durch ihre rechtmäßige Funktion begründet ist. Diesem abstrakten Grundsatz stehen aber nur wenige konkrete Aussagen gegenüber, wer wann was abrufen darf – und es ist zu fürchten, daß hierüber nie volle Klarheit bestehen wird und deshalb dem Mißbrauch Tür und Tor offen stehen.

- Man erwartet von der staatlichen elektronischen Verwaltung, daß sie auf Grund eines homogenen Informationsstandes Entscheidungen trifft. Dies ist aber kaum anders als mit zentralen Datenbanken zu verwirklichen – woraus sich der Zwang zur Zentralisierung ergibt.

- Als Vorzug der elektronischen Verwaltung erscheint vor allem der ungehemmte Fluß der Informationen von einer staatlichen Instanz zur anderen. Aber dies ist manchmal bedenklich: War der Rechtsstaat bisher gewissermaßen pluralistisch, so wird er damit zum totalen Staat, zu dem die bewährte Gewaltenteilung nicht mehr recht paßt.

- Datenbanken geben ungeheure Macht auch illoyalen Beamten bis hin zu radikalen Staatsfeinden, gegen deren Eindringen unser Staat sich so hilflos erwiesen hat. Diese Macht könnte sich in Krisenzeiten katastrophal auswirken.

Die gegenwärtige Entwicklung des Datenschutzes erzeugt Skepsis, ja Unbehagen. Auch wer dem Grundsatz zustimmt, daß persönliche Daten eines staatlich überwachten Schutzes bedürfen, kann nicht allen Exzessen der gegenwärtigen Datenschutz-Ideologie zustimmen.

M. E. haben beim Datenschutz die Ansprüche des Individuums die Bedürfnisse unserer res publica schon weit überfahren.

Dies zeigt sich beispielsweise an den Erschwernissen der Verbrechensbekämpfung durch überzogene Datenschutzmaßnahmen oder am Fehlen einschlägiger Daten in der Gesundheitsfürsorge.

Es wurde schon befürchtet, daß wenn sich im Datenschutz nichts ändert, Historiker über die Bevölkerungsstruktur im Jahre 1800 mehr wissen als über die im Jahr 1980.

Die bisherige Entwicklung des Datenschutzes zeigt ganz deutlich die allgemein üble Tendenz, daß neu aufkommende Probleme zuerst einmal von Demagogen in Beschlag genommen werden – und erst nach kostspieligen und zeitraubenden Umwegen eine vernünftige Problemlösung gefunden werden kann.

Bei der Information gibt es – wie bei materiellen Gütern – Produzenten und Konsumenten. Die Frage ist, wie man den Austausch zwischen ihnen optimal organisiert.

Die m. E. entscheidende Frage ist:

● Gehören Informationswege zur Infrastruktur, die

der Staat – wie z. B. Straßen – den Bürgern zur Verfügung stellen muß – oder

- sollen Informationen ebenso wie materielle Güter über den Markt – weitgehend ohne staatliche Einflußnahme – verbreitet werden?

Ich habe große Sympathie für die markwirtschaftliche Ordnung – aus zwei Gründen:

1. Die praktischen Erfahrungen mit zentralgesteuerter Lenkung materieller Güter haben die hohen Erwartungen ihrer Befürworter immer enttäuscht – und es gibt keinen Grund dafür, daß sie bei der zentralgesteuerten Lenkung von Informationen besser sein werden.

2. Macht über die Informationswege ist für Politiker eine schwere Versuchung – und ich zweifle daran, daß dieser Versuchung alle gewachsen sind.

Abgesehen vom Rundfunk war der Ausgangspunkt bei uns vorwiegend die ungelenkte Produktion, der ungelenkte Konsum und der Austausch über den Markt. Typisch hierfür sind Briefe, Zeitungen, Zeitschriften und Bücher.

Aber neuerdings entwickeln sich bedenkliche Tendenzen staatlicher Reglementierung des Informationsgeschehens. Hierdurch wird die Gefahr der Manipulation enorm vergrößert und die Kreativität verringert.

Manipulation verstehe ich – mit A. Gehlen – als die

Kunst, *»jemand zu einem Zweck zu gebrauchen, den er nicht kennt«*.

Der Artikel 5 unseres Grundgesetzes schützt die Freiheit der Informationswege – auch die Freiheit von staatlicher Lenkung.

Wie aber ist diese Freiheit z. B. vereinbar mit der Absicht des IuD-Programms der Bundesregierung, durch zentrale Instanzen eine »Verdichtung der Information« vorzunehmen, eine »Selektion der Informationen, die speziell für eine bestimmte Benutzergruppe notwendig sind«?
Zwar wird gesagt, all dies habe »sachlich und wahrheitsgetreu zu erfolgen« – aber was ist schon »wahrheitsgetreu« und wie soll eine anonyme Bürokratie »Wahrheit« garantieren? Man hat jahrtausendelang vergeblich versucht, »die Wahrheit« zu definieren – und jetzt erwartet man, anonyme Bürokratien könnten Informationen wahrheitsgemäß selektieren!

Hier werden tatsächlich die Keime für ein Orwellsches »Wahrheitsministerium« gelegt.

Töricht ist hierbei die Entschuldigung, die Beteiligten seien alle guten Willens und beabsichtigten gar keine Manipulation: Sie werden manipulieren, ohne dies überhaupt zu merken.

Die Unbewußtheit beim Informationskonsumenten ist konstitutiv für Manipulation – die Unbewußtheit der Manipulation durch den Informationsselektor wurde bisher nicht beachtet: Die meiste Manipulation geschieht unbewußt in bester Absicht.

Zweifellos muß bei Information und Dokumentation Effizienz angestrebt werden – aber manchmal schließen sich Effizienz und Kreativität gegenseitig aus.

Effizienz verlangt einheitliche und widerspruchsfreie Darstellung, Kreativität braucht vielfältige und kontroverse Darstellungen.

Ich plädiere deshalb gegen Vereinheitlichung und höchste Effizienz – und plädiere für kreative Pluralität, auch auf Kosten der Effizienz.

Dies heißt konkret: Informationen dürfen gerade nicht selektiert und homogenisiert werden. Es muß im Gegenteil angestrebt werden, daß kontroverse Darstellungen und verschiedene Denkweisen miteinander konkurrieren können.

Die Gefahr der Orwellschen Zukunft liegt ja nicht darin, daß Menschen vaporisiert werden, sondern darin, daß Informationen selektiert werden.

Information und Freiheit stehen in einem recht widersprüchlichen Zusammenhang.

»Freiheit« sei hier verstanden als Möglichkeit, unterschiedliche Verhaltensformen zu verwirklichen.

Information kann Freiheit dann vermehren, wenn Alternativen zum erlernten Verhalten nachgewiesen werden.

Andererseits gilt aus der Sicht der statistischen Informationstheorie umgekehrt, daß Information Freiheit vermindert.

Dies illustriert die Situation eines Wanderers an einer Wegegabel: Ohne die Information, wohin die Wege führen, hat er die dubiose Freiheit, jeden beliebigen Weg zu gehen. Mit der Information, wohin die Wege führen, geht er den (in seinem Sinne) richtigen Weg, er hat also nicht mehr die dubiose Freiheit, auch den falschen Weg zu gehen.

Informationstheoretisch gilt offensichtlich: Je mehr Information wir aufnehmen, desto größer wird die Zahl der Zwänge, die unser Verhalten einschränken. Der Laplacesche Geist, der alles im voraus weiß, hat überhaupt keine Freiheit.

Hierzu paßt auch die verhaltensphysiologische Tatsache, daß Heranwachsende – seien es nun Menschen oder Tiere – programmiert sind, das Verhalten Erwachsener nachzuahmen. Durch die bei der Nachahmung aufgenommene Information wird aus der ursprünglich angelegten (größeren) Menge möglicher Verhaltensformen eine (kleinere) Untermenge ausgewählt, also theoretisch bestehende Freiheit verringert.

Existenz und Kultur beruhen auf solchen Einschränkungen der Willkür.

Das ethische Problem der Informationsproduktion ist die »richtige« Auswahl zwischen freiheitsvermehrender und freiheitsvermindernder Information – oder umgekehrt gesagt: zwischen Orientierung zerstörenden und Orientierung herstellenden Informationen.

Die Verführung des Informationsproduzenten liegt darin, daß freiheitsvermehrende Information meist gerne, freiheitsvermindernde Information aber meist ungern aufgenommen wird und deshalb das Interesse des Informationsproduzenten einseitig bei der Orientierung zerstörenden Information liegt.

Die politische Problematik der Informationsgesellschaft liegt – nächst der Manipulation – in der Kontrolle der Informationskanäle. Hierfür zwei historisch bemerkenswerte Vorgänge:

- Gegen Ende der französischen Revolution, am 27. Juli 1794, wurden Robespierre und St. Just dadurch gestürzt, daß man ihnen im Konvent den Zugang zur Rednertribüne versperrte. Nach stundenlangen, vergeblichen Versuchen, die Tribüne doch zu besteigen, wurden sie abgeführt – womit ihre politische Macht zu Ende war.

- Winston Churchill sei – so sagt man – in den dreißiger Jahren wegen seiner ständigen Warnungen vor den Folgen der Appeasement-Politik von der Publikation in der hochangesehenen Londoner »TIMES« ausgeschlossen gewesen. Aber nach dem Scheitern dieser Politik wurde Churchill als Retter in der Not gerufen.

Dies ist exemplarisch für viele gegenwärtige politische Auseinandersetzungen – die Entmachtung durch Blockierung der Kommunikation.

Mit dem Rundfunk im allgemeinen und dem Satellitenrundfunk im besonderen wurde der grenzüberschreitende Informationsfluß zum brisanten politischen Problem.

Die UNO erklärte schon 1946, die Freiheit der Information sei ein fundamentales menschliches Recht und der Prüfstein schlechterdings aller Freiheiten, denen sich die Vereinten Nationen verschrieben haben. Sie nahm damit einen Grundsatz wieder auf, der schon in den Erklärungen der französischen Revolution eine wesentliche Rolle gespielt hatte: Der freie Austausch der Gedanken und Meinungen ist eines der wertvollsten Rechte des Menschen; jeder Bürger kann deshalb frei sprechen, schreiben oder drucken.

Die grenzüberschreitende Information war einst – vor Aufkommen der elektrischen Übertragungsverfahren – ein relativ untergeordnetes politisches Problem: Unerwünschte Briefe, Zeitungen, Bücher oder Personen konnten an den Grenzen abgewiesen werden. Aber die vielen grenzüberschreitenden Telegrafie- und Telefonverbindungen unserer Zeit kann man nur schwer überwachen und schlecht abschalten – elektromagnetische Wellen kann man überhaupt nicht abweisen, man kann sie höchstens technisch stören oder ihren Empfang verbieten.

Störungen und Verbote sind aber international verpönt, beispielsweise durch die Konferenz über Sicherheit und Zusammenarbeit in Europa, deren Schlußakte einen Abschnitt über »Verbesserung der Verbreitung von, des Zuganges zu und des Austauschs von Informationen« enthält. Ein gänzliches Verbot von Störsendern konnte allerdings bisher international nicht vereinbart werden.

Das Problem des grenzüberschreitenden Informationsflusses wurde neuerdings hochaktuell mit dem direkten Satellitenfernsehen. Hierbei werden die von Funksatelliten ausgestrahlten Signale von heimischen Fernsehgeräten unmittelbar empfangen. Die Strahlungskeulen der Satelliten können zwar auf bestimmte geografische Bereiche gebündelt werden, aber sie sind auch in den Nachbarländern zu empfangen.

Grundsätzlich ist beachtenswert, daß beim direkten Satellitenfernsehen der Empfänger einen großen technischen Aufwand treiben – vor allem eine hochtwertige Richtantenne genau auf den Satelliten ausrichten muß. Die zusätzlichen Geräte dürften einen Aufwand von mehreren tausend DM ausmachen.

Diese banale Feststellung ist deshalb wichtig, weil oft so getan wird, als ob Emfpänger *gegen ihren Willen* mit fremden Sendungen eingedeckt werden könnten. Dies ist sicher falsch: Wer nicht die hierfür notwendigen Voraussetzungen schafft, wird die Signale des Satelliten nicht empfangen können oder müssen. Niemand wird gegen seinen Willen fremde Sendungen empfangen müssen.

Die Einstellung einer Regierung zum direkten Satellitenfernsehen ist deshalb ein Prüfstein für ihre Einstellung zu den Freiheitsrechten, welche die französische Revolution und die UNO garantieren wollten.

Vor diesem Hintergrund gesehen ist es besonders erstaunlich zu sehen, wie sich »sozialistische« Regierungen gegen den freien Fluß von Informationen wehren.

Beispielsweise erklärte die »DDR«: Die wirkliche Garantie der Meinungsfreiheit gibt es nur im Sozialismus – deshalb dürfen Informationen, welche den Sozialismus in Frage stellen, nicht verbreitet werden.

Man könnte die total gegensätzlichen Einstellungen zum grenzüberschreitenden Informationsfluß in Ost und West auf folgendes Schema bringen:

Die liberale Einstellung:

> Der Staat hat kein Recht, mögliche Informationsflüsse zu blockieren.

Die »sozialistische« Einstellung ist dagegen:

> Da es Freiheit nur im Sozialismus gibt, muß man jegliche Information unterdrücken, welche Zweifel am »Sozialismus« erzeugen könnte.

Beim internationalen grenzüberschreitenden Informationsfluß erscheinen diese beiden widersprüchlichen Grundsätze relativ deutlich.

Bei internen Auseinandersetzungen werden vielfach Argumente vorgebracht, welche die »sozialistische«

Position mehr oder weniger deutlich reproduzieren – wobei deren ideologische Bestimmung meist heruntergespielt und menschliche Fürsorge vorgeschoben wird.

Besonders im Zusammenhang mit den Auseinandersetzungen um die neuen Medien (z. B. Bildschirmtext, Kabelfernsehen usw.) werden sehr eigenartige Argumente in die Diskussion eingebracht – bis hin zu den Schreckgespenstern »Medienkrieg« und »Fremdkommerzialisierung«.

Hier ist ein weiterer historischer Rückblick angebracht: Das Absinken des kulturellen Niveaus, die gefährliche Anpassung an den Massengeschmack und die Schäden in den Seelen unmündiger Bürger – das ist ein Paket von Argumenten, das nun schon zum zweitenmal in die öffentliche Diskussion eingebracht wird.

Zum erstenmal wurde es vor zweihundert Jahren beim Kampf gegen die Aufhebung der Zensur eingebracht.

Das zweitemal wird dieses Paket von Argumenten in unserer Zeit beim Kampf gegen neue Medien eingebracht.

Hier ist auch bemerkenswert, daß blockierte Informationswege umgangen werden: Nachdem die mögliche Programmvielfalt durch das Kabelfernsehen bei uns noch nicht kommt, breiten sich die Fernsehspeicher – Videorecorder und Bildplatte – geradezu explosiv aus.

Da sich deren Informationsangebot jeglicher Kontrolle

entzieht (bis hin zur Pornografie), könnte die Blockierung des Kabelfernsehens aus sozialpsychologischen Erwägungen die paradoxe Folge haben, daß sich Medien verstärkt ausbreiten, die sozialpsychologisch viel bedenklicher sind.

Bei Fachleuten in aller Welt herrscht Einigkeit darüber, daß die zukünftige Gesellschaft eine Informationsgesellschaft sein wird – aber zugleich herrscht auch allgemeine Ratlosigkeit über die anzustrebenden Organisationsformen.

Die Ratlosigkeit ist deshalb so bedenklich, weil diese Organisationsformen die zukünftige Existenz des Menschen und sein Zusammenleben entscheidend beeinflussen werden.

So nähern wir uns z. B. rasch der Möglichkeit, jeden Menschen an jedem Ort und zu jeder Zeit in Bild, Ton und Schrift zu erreichen – aber auch der Orwellschen Möglichkeit, ihn ständig total zu überwachen.

Diese Ratlosigkeit ist ein internationales Phänomen.

Um sie zu überwinden, verfallen manche Politiker auf die scheinbar vernünftige Lösung, durch »wissenschaftliche« Untersuchungen die sozialen und wirtschaftlichen Auswirkungen der neuen Medien prognostizieren zu lassen.

Ich habe große Skepsis gegen diese Absicht: Wer die bisherigen Fortschritte dieser Art »Wissenschaft«

kennt, glaubt nicht daran, daß sie die allgemeine Ratlosigkeit überwinden kann.

Zu fürchten ist vielmehr, daß diese »Wissenschaft« zur Bestätigung vorher schon bestehender politischer Absichten mißbraucht wird und notwendige Schritte blockiert.

Man kann die Wirkung neuer Telekommunikationsformen nicht am grünen Tisch vorausberechnen. Eine solche Auskunft kommt nur und ausschließlich aus der Lebenspraxis.

Deshalb sollte die Medienpolitik sich nicht durch pseudowissenschaftliche Prognosen leiten lassen, sondern rasch mit rückholbaren Pilotprojekten beginnen – also Versuchsinstallationen, an deren Ergebnissen sich dann die weitere Medienpolitik orientiert.

Wie folgenschwer die Organisation der neuen Medien ist, verdeutlicht nicht nur die Erinnerung an Orwells »1984«, sondern verdeutlichen auch einige naheliegende Fragen:

- Wenn in einigen Jahren der Bildschirmtext zur täglich benutzten Informationsquelle für Millionen unserer Mitbürger geworden ist: Wer bestimmt dann deren Suchstrukturen und damit die Denkkategorien?

- Wenn in einigen Jahren auf dem Bildschirm Waren angeboten und elektronisch bestellt und bezahlt werden, wenn also ein elektronischer Markt entstanden ist: Wer kontrolliert dann diesen Markt? Wer garantiert dann die Konkurrenz und die Kreativität, die bisher unseren Wohlstand begründeten?

- Welche Organisationsform der neuen Medien schafft widersprechenden Außenseitern die besten Chancen, ihre Meinung in die öffentliche Diskussion einbringen zu können?

Stellt man diese Fragen nicht im Hinblick auf Informationen, sondern im Hinblick auf materielle Güter, dann hat das entscheidende Experiment längst stattgefunden und zugunsten der liberalen Marktwirtschaft gesprochen: Nur sie gibt vielfältigen Versuchen angemessene Chancen, während die bürokratische Lenkung in die Einheitlichkeit führt.

Es gibt keinen ernstzunehmenden Grund dafür, daß diese Erfahrung nicht auch für die Ware Information gilt. Auch hier wird eine liberale und möglichst entbürokratisierte Organisationsform vielfältigen Versuchen angemessene Chancen schaffen und den irreversiblen Gang in die Orwellsche Einheitlichkeit verhindern.

Von Visionen zur Vernunft

Auf den ersten Blick sieht es ganz selbstverständlich, beinahe tautologisch aus:

- Nomaden haben eben die Denkformen, die ihrem Dasein als Nomaden angemessen sind,

- Bauern haben eben die Denkformen, die ihrem Dasein als Bauern angemessen sind.

Aber die Menschen unserer hochentwickelten Industriegesellschaft haben eben *nicht* die Denkformen, die ihrem Dasein in einer solchen Gesellschaft angemessen sind – und aus dem Auseinanderklaffen von Denkform und Dasein erwachsen viele Übel, vor allem die verantwortungslose Produktion immer neuer »fortschrittlicher« Visionen, deren Verwirklichung in Politik und Wirtschaft katastrophale Folgen hätte, und die Verbreitung apokalyptischer Zukunftsängste, welche die Rationalität des Handelns zerstören.

Aber auch sonst führt die Entfremdung des Denkens vom Dasein zu vielen Fehlentwicklungen:

- Beispielsweise merkt man nicht, daß die rechtlichen Grundlagen einer liberalen Demokratie vor Aufkommen der Massenmedien nicht mehr ausreichen, um eine liberale Demokratie auch noch im Zeitalter der Massenmedien zu erhalten.

- Beispielsweise lebt die »Fortschrittlichkeit« vom blöden Triumph einer »Emanzipation«, auf Grund welcher die Macht von Fürsten, Politikern, Kirchen und Unternehmern durch die unkontrollierte Macht von Meinungsmachern ersetzt wurde.

- Beispielsweise lebt unsere öffentliche Auseinandersetzung von der hektischen Suche nach sensationellen Zukunftsentwürfen in einer Zeit, deren Probleme nur durch die Rückbesinnung auf uralte Vernunft gelöst werden können.

Wir haben keine Philosophie der Informationsgesellschaft – wir tappen mit verbundenen Augen in sie hinein.

Daß eine Philosophie der Information nicht nur praktisch notwendig ist, sondern mit der Kybernetik – der Wissenschaft von den informationellen Strukturen – auch vor der Türe steht, hat der große Martin Heidegger vor seinem Tode ausdrücklich gesagt.

Dreierlei ist von der Kybernetik zu erhoffen:

Erstens ein Verständnis der Abbild-Funktion jeglicher Information: Sei es nun Abbild der Wirklichkeit, oder sei es Abbild von Entwürfen zu ihrer Gestaltung.

Zweitens eine gemeinsame Basis für die Vielzahl der Wissenschaften, die sich gegenwärtig nicht mehr verstehen – Hesses Glasperlenspiel.

Drittens die Einsicht in die Grenzen menschlichen Verstehens und damit eine Abwehr der intellektuellen Hochstapelei, die menschliches Denken und Handeln auf das hier und jetzt Verstehbare reduzieren will.

Das zentrale Thema dieses Buches ist die Verwirrung unseres Denkens durch realitätsferne Visionen und hysterischen Pessimismus. Dies ist tatsächlich ein kybernetisches Problem.

Untersucht man den Informationsfluß im Menschen (wie in dem Buche »Maßlos informiert« geschehen), dann zeigt es sich, daß im Menschen ein ganz besonderer Informationsfluß möglich ist: Die »Reflexion«.

Bei der Reflexion sind die bewegten Informationen von der Außenwelt unabhängig, sie brauchen keiner Realität zu entsprechen. Was bei diesem Kreisprozeß an Informationen umläuft, hängt nur ab vom momentanen Zustand des Menschen, von all seinen falschen und richtigen Assoziationen.

Ein ähnlicher – von der Realität abgelöster – Informationsfluß kann sich auch im sozialen Geflecht einstellen: Scheinbare Sachaussagen, die keinen Sachen entsprechen, sondern nur durch die gegenseitige Bestätigung vieler Informationsproduzenten zu scheinbaren Sachaussagen gemacht werden.

Die Stärke und die Gefahr der menschlichen Informationsverarbeitung ist die von der Realität abgelöste Information: Sie ermöglicht einerseits die kreative Überschreitung des Existierenden – aber sie ermöglicht auch das Unwesen weltfremder Visionen und apokalyptischer Hysterie.

Wir brauchen zwar Zukunftsentwürfe, die das bisher Erfahrene gedanklich überschreiten – aber praktisches Handeln braucht auch die kritische Auswahl dessen, was in der Wirklichkeit möglich und was unmöglich ist.

Wir sind an einem Punkte der historischen Entwicklung angelangt, an dem die Informationsproduktion nicht immer bessere Informiertheit bewirkt, sondern häufig mehr Verwirrung. Raffiniertere Darstellungen setzen sich gegen bessere Problemlösungen durch.

Das meiste Unglück unserer Zeit kommt aus schlechten Informationen – nicht aus falschen Berechnungen, wie Bert Brecht meinte.

In einer solchen Situation muß das Informationsgeschehen *von außen* betrachtet werden. Der gegenwärtige Informationsbetrieb braucht grundsätzliche Kritik, vor allem an der Verflüssigung der Begriffe, dem semantischen Betrug, der psychosozialen Vergiftung, der Verbreitung von Informationen minimalen Wertes durch maximale Energien und an der Ablösung der Informationsproduktion von der Verantwortung für ihre Folgen.

Die Verfahrenheit unserer Situation beruht vor allem darauf, daß wir für die Information, das wichtigste Werkzeug der Zukunftsgestaltung, weder den notwendigen Sachverstand noch die notwendige Ethik entwickelt haben.

In dem Buche »Maßlos informiert« wurden hierzu einige theoretische Grundlagen gebracht – die wichtigsten Konsequenzen seien hier zusammengefaßt und abgerundet.

Der Begriff »Information« wäre dann gänzlich verkannt, wenn man nur *aktuelle* Information als solche verstünde.

Man sollte tatsächlich drei wesentliche Bereiche der Information unterscheiden:

1. Der Mensch steht auf einem Fundament von Informationen aus der Vergangenheit, vor allem der genetischen und kulturellen Information,

2. der Mensch lebt mit aktuellen Informationen, deren Kennzeichen die Möglichkeit der Wechselwirkung, des Austausches, der Korrektur ist,

3. der Mensch lebt mit Vorstellungen über seine zukünftige Existenz: Entwürfe, Pläne, Ziele, Visionen, Verhaltensstrategien usw.

Bei Informationen können zwei nach Herkunft verschiedene Arten (mehr oder weniger eindeutig) unterschieden werden:

1. Informationen aus unmittelbarer Wahrnehmung, z. B. Wahrnehmungen beim naturwissenschaftlichen Experiment.

2. Informationen, die von anderen Menschen produziert wurden, beispielsweise von den Akteuren der Massenmedien, Politikern oder Lehrern.

In unserer Zeit verringert sich der Anteil der unmittelbar wahrgenommenen Sachverhalte und nimmt der Anteil der produzierten Informationen zu.

Ein wesentlicher Mangel der klassischen Informationstheorie ist die Vernachlässigung der Werthaftigkeit der Information: Sie kann Information nicht von Desinformation unterscheiden.

Um diese Schwäche zu überwinden, muß man den Entscheidungsprozeß mit in die Betrachtung einbeziehen: Hierbei zeigt es sich, daß manche Informationen zu besseren Entscheidungen führen, während andere Informationen zu schlechteren Entscheidungen führen. Diese kann man als »Desinformationen«, als Informationen negativen Wertes bezeichnen.

Doch betrachten wir kurz die Evolution der Information!

Als vor vielen Milliarden Jahren aus kosmischer Materie unsere Erde entstand und sich auf ihr die Ursuppe bildete, da hätte in den Dämpfen und Sümpfen auch ein intelligenter Beobachter kaum etwas entdeckt, das Information gerechtfertigt hätte: Da war ja alles in ständiger Veränderung – Aussagen über den einen Moment waren nutzlos für den nächsten.

Wie entstanden später Strukturen, welche Information

rechtfertigten? Die Antwort hierauf muß mit dem Bekenntnis beginnen: Wir wissen weder, wie Materie und Energie entstanden, noch woher die Gesetze kamen, welche die »zufällige« Bewegung der Materie bestimmten. Das Wort »Zufall« bedeutet: Wir wissen es nicht. Die Entstehung der Welt und ihrer Gesetze steht außerhalb unserer Einsicht.

Dagegen sind die folgenden Stufen der Entwicklung mit den uns bekannten Gesetzlichkeiten – im Prinzip, wenngleich nicht in allen Einzelheiten – erklärbar: Die Methoden der Regeneration und Reproduktion sind physiologisch verständlich. Die Art der Weitergabe des biologischen Bauplans durch den genetischen Code kennt man neuerdings ziemlich genau.

Die Informationsaufnahme durch die Sinnesorgane, der Informationstransport sowie die Informationsverarbeitung durch die Nervenzellen sind als physikalisch-chemische Vorgänge heutzutage weitgehend erklärbar.

Bei der Evolution entstanden Organisationsformen wachsender Komplexität, wachsender Unwahrscheinlichkeit, also zunehmenden Informationsgehalts.

Hier ist der Hinweis auf eine grundlegende Gesetzlichkeit angebracht: In einem »abgeschlossenen System« verlaufen Veränderungen immer so, daß die »Entropie« des Gesamtsystems zunimmt. »Entropie« kann in der hier gebotenen Kürze etwa als Wahrscheinlichkeit eines Zustandes definiert werden.

Es ist aber möglich, daß sich innerhalb des abgeschlossenen Systems Teilsysteme *abnehmender* Entropie, also zunehmender Unwahrscheinlichkeit und zunehmender Komplexität entwickeln – allerdings auf Kosten des Gesamtsystems. Die Aufnahme von Materie und Energie aus der Umwelt ist in diesem Sinne zwingende Voraussetzung für das Entstehen höherer Organisationsformen.

Diese Überlegung führt auch auf die Einsicht, daß die Anzahl möglicher »höherer« Organisationen begrenzt ist.

Der Anfang der Evolution war charakterisiert durch Entstehung immer höherer Organisationsformen infolge Aufnahme von Materie und Energie und gegenseitiger Konkurrenz.

Mit der Entstehung höherer Organisationsformen kam ein ganz andersartiges Element hinzu: Die Symbolisierung, beim Menschen die bewußte Benutzung von Symbolen.

Damit ändert sich das Feld des Konkurrenzkampfes: Wurde er zuerst im Bereich der Materie und Energie ausgetragen, so wurde er später zum Kampf um die »bessere« Information und »bessere« Organisationsprinzipien.

Durch die Symbolisierung wurde der Konkurrenzkampf in ein Feld geringerer Verluste und größerer Beweglichkeit verlegt. Vor allem aber schuf die Symbolisierung eine enorme Überlegenheit.

Einst wurde versucht, aus materiellen und energetischen Größen Formeln zur Macht abzuleiten. Dieser Versuch mußte scheitern: Die Bestimmung der Macht durch materielle und energetische Größen ist nicht ausreichend, machtbestimmend ist in unserer Zeit vor allem Information.

Die ursprünglichen Formen des Konkurrenzkampfes (mit Materie und Energie) und die späten Formen des Konkurrenzkampfes (mit Symbolen) stimmen in einer wichtigen Tatsache überein: Fortschritt setzt Ungleichheit voraus.

Dies ist beim wissenschaftlichen Fortschritt ganz offensichtlich: Aus der Ungleichheit unterschiedlicher Theorien entstehen die kreativen Konflikte und schließlich der wissenschaftliche Fortschritt. Aber im Prinzip ist es auch in allen anderen Bereichen so.

Diese Feststellung ist zwar leicht diffamierbar (z.B. als »Sozialfaschismus«), aber die Geschichte bietet kaum Beispiele dafür, daß biologische, soziale oder politische Organisationen sich anders als im Konkurrenzkampf der Ungleichen entwickelt hätten.

Was man deshalb sinnvollerweise tun sollte, ist dies: Die Konkurrenzkämpfe nicht unterdrücken, sondern im Felde der Information austragen, also beispielsweise durch internationale Verhandlungen und Verträge.

Bedenklich sind aber alle Absichten, das Denken und Verhalten der Individuen zu uniformieren.

Grundlegend für das Verständnis der Situation des Menschen in seiner komplexen Welt ist seine informationelle Unzulänglichkeit.

Als informationelle Unzulänglichkeit des Menschen sei die Tatsache bezeichnet, daß das Bewußtsein des Menschen der Komplexität seiner Welt nicht gewachsen ist.

Diese Unzulänglichkeit hat mehrere Aspekte:

1. Die Unzulänglichkeit der Informationsaufnahme: Der Mensch kann in begrenzter Zeit nur wenig Information aufnehmen. Deshalb ist der Zeitaufwand zum Verständnis komplizierter Zusammenhänge oft größer als die Zeit, die verfügbar ist, häufig muß man vorzeitig entscheiden oder handeln.

2. Die unzulängliche Kapazität des Gedächtnisses: Die gesamte Informationsmenge, die der Mensch speichern kann, ist wesentlich geringer als die Informationsmenge, die zur Beschreibung seiner Welt notwendig ist und »eigentlich« sein Denken und Verhalten bestimmen müßte.

3. Die unzulängliche Kapazität des Gegenwartsspeichers des Menschen, seine allzu kleine Werkstatt des Denkens.

Man sollte sich hierüber nicht täuschen: Das menschliche Gehirn entstand nicht zwecks Weltverständnis, sondern zwecks Existenzerhaltung unter Bedingungen, die von den gegenwärtigen wesentlich verschieden waren.

Die informationelle Situation des Menschen entspricht – wenn ein solcher technizistischer Vergleich erlaubt ist – der eines zu kleinen »Computers«, dem ständig Aufgaben gestellt werden, die seine Aufnahme-, Verarbeitungs- und Speicherkapazität bei weitem überfordern.

In dieser mißlichen Situation verhält sich der »Computer« sehr geschickt: Er wählt aus, was erfahrungsgemäß das wichtigste ist und verarbeitet es mit Methoden, die häufig zu brauchbaren Ergebnissen führen, auch wenn sie nicht immer exakt sind.

Um Mißdeutungen dieses technizistischen Vergleichs vorzubeugen:

Dieser menschliche »Computer« unterscheidet sich von allen technischen Computern dadurch, daß er die Erfahrungen von Jahrmilliarden biologischer und von Jahrtausenden kultureller Entwicklung hat.

Das Mißverhältnis zwischen der Menge der Information, die eigentlich verarbeitet werden müßte und derjenigen, die tatsächlich verarbeitet werden kann, war im Laufe der Geschichte noch nie so kraß wie in unserer Zeit.

Von G. W. Leibniz wurde gesagt, er habe noch eine vollständige Übersicht über das gesamte Wissen seiner Zeit (des 17./18. Jahrhunderts) gehabt. Dies kann sicher von keinem unserer Zeitgenossen mehr behauptet werden: Für den einzelnen sind in unserer Zeit nur noch winzige Teile des heutigen Wissens verstehbar.

Wer in unserer Zeit eine Gesamtübersicht sucht, ist auf Sammelwerke meist unverbundener Spezialbeiträge oder auf Lexika angewiesen.

An den Lexika zeigt sich deutlich das Mißverhältnis zwischen der Komplexität unserer Welt und der unzureichenden Kapazität unseres Gedächtnisses: So kann z.B. der Informationsgehalt eines dreizehnbändigen Lexikons auf etwa ein Zehntel Gigabit (Hundert Millionen Bit) geschätzt werden. Wer machte sich anheischig, dessen Inhalt »aus dem Kopf« korrekt oder auch nur sinngemäß zu reproduzieren?

(Um Mißverständnissen vorzubeugen: Der Codierungsaufwand für ein alphanumerisches Zeichen ist ein Byte, etwa acht Binärzeichen. Der Informationsgehalt eines Buchstabens eines deutschen Textes liegt bei einem Bit.)

Aber es gibt keinen Zweifel daran, daß jenes Zehntel Gigabit nur ein winziger Bruchteil des gegenwärtig insgesamt verfügbaren Wissens ist. Dieses Gesamtwissen wurde schon in der Größenordnung von Millionen Gigabit abgeschätzt. Auch wenn dies um Zehnerpotenzen unsicher sein mag, so gibt es doch keinen Zweifel daran, daß die gesamte Menge des Wissens viel, viel größer ist, als das Bewußtsein eines Menschen zu fassen vermag.

Würde ein Rundfunksprecher ein Jahr lang täglich acht Stunden sprechen, dann könnte er etwa den Inhalt des dreizehnbändigen Lexikons bringen. Für das gesamte Wissen unserer Zeit müßte der Rundfunksprecher aber viele Millionen Jahre sprechen – und der Hörer müßte ebensoviele Millionen Jahre zuhören, also ein Vielfaches seiner Lebenszeit.

Das Wissen unserer Zeit entspricht einem ungeheuer großen und rasch wachsenden Gitter aus Begriffen, zwischen denen Beziehungen bestehen – und unser Bewußtsein einem Käferchen, das in diesem ungeheuren Gitter herumkrabbelt: Es kann günstigstenfalls zwei oder drei oder vier Begriffe und ihre Beziehungen gleichzeitig erfassen, es gelingt ihm aber nicht, das Gitter in seiner Gänze zu überblicken, seine Ordnung zu begreifen und hierüber allseits verbindliche Aussagen zu machen.

Unser Wissen ist Stückwerk. Wer absolute Aussagen macht, beweist vor allem seine Unkenntnis der informationellen Unzulänglichkeit des Menschen.

Die intellektuelle Attitüde, »radikal zu sein« und Ideen bis zu ihren letzten Wurzeln hin auszuwalzen, ist töricht: Was hierbei als Radikalität bezeichnet wird, ist gar nicht die höhere Konsequenz des Denkens – es ist seine hemmungslose Simplifikation.

Unsere Welt ist komplizierter als irgendeine ihrer Abbildungen – und die Zeitkrankheit ist, durch Mißbrauch der Abbilder unsere Welt kaputt zu machen.

Versuche, unsere hochkomplexe Realität durch einheitliche Signalsysteme abzubilden, scheitern regelmäßig: Zu Weltformeln kommt man nur unter Verzicht auf praktische Brauchbarkeit.

Die informationelle Unzulänglichkeit des Menschen zeigt sich auch deutlich an unterschiedlichen Ideologien: Es sind unterschiedliche Abbildungssysteme unserer komplexen Welt, die unterschiedliche Bereiche des Gitters in sich aufgenommen oder nicht aufgenommen haben, unterschiedliche »Heimaten« in der informationellen Welt.

Der Sinn jeglicher Dialektik ist nur durch die informationelle Unzulänglichkeit des Menschen verstehbar: Ein und derselbe Sachverhalt bietet sich Wahrnehmungen aus unterschiedlichen, begrenzten Betrachtungsrichtungen in verschiedenen Gestalten dar – und allen können zutreffende Aussagen entsprechen.

Wäre der Mensch unbegrenzt wahrnehmungsfähig, dann gäbe es keine Dialektik.

Die Folgen der informationellen Unzulänglichkeit des Menschen zeigen sich in vielen praktischen Situationen.

So steht der produktive Wissenschaftler ständig vor dem Dilemma: Soll ich meine Zeit eigener Forschung widmen oder soll ich suchen, was andere schon gefunden haben?

Versucht er, fremde Publikationen erschöpfend zu analysieren, dann bleibt ihm kaum Zeit zu eigener Forschung. Forscht er jedoch ohne Beachtung fremder Ergebnisse, dann entdeckt er möglicherweise nachträglich, daß seine Ergebnisse schon bekannt sind.

Noch härter trifft die informationelle Unzulänglichkeit den Publizisten, der nicht nur in der allgemeinen Mangelsituation steht, sondern seine Aussagen auch noch in begrenzter Zeit machen muß.

Wohl am härtesten trifft die informationelle Unzulänglichkeit des Menschen aber diejenigen, die schwerwiegende Entscheidungen treffen müssen: Solche Entscheidungen müssen meist schnell getroffen werden, es ist normalerweise nicht möglich, in langwierigen Recherchen »alle« relevanten Informationen beizuschaffen.

Hierbei ist typisch, was Goethe in Faust I sagte:

> *»Was man nicht weiß, das eben brauchte man,*
> *und was man weiß, kann man nicht brauchen!«*

Aber der Mensch *muß* ständig reagieren, sich verhalten – woher nimmt er die hierfür notwendigen Orientierungen?

Auf diese Frage gibt es nur eine einzige Antwort: Andere Menschen – teils früher lebende, teils gleichzeitig lebende – befanden sich schon in ähnlichen Situationen und waren hierbei ebenso gezwungen, sich irgendwie zu verhalten. An ihnen und ihrem Schicksal ist erkennbar, welche Verhaltensformen zu erwünschten und welche zu unerwünschten Folgen geführt haben – sei es nun aus der Sicht des einzelnen oder aus der Sicht der Sozietät, sei es kurzfristig, sei es langfristig.

So kann das einzelne Individuum auch mit seinem unzureichenden Bewußtsein Verhaltensformen in dieser komplexen Welt finden, die »gut« sind.

Die informationelle Unzulänglichkeit des Menschen kann offensichtlich durch fremde Erfahrung überwunden oder gemildert werden.

Viele weltweite politische Probleme entstehen aus informationellen Vorgängen.

Solange beispielsweise »unterentwickelte« Völker ihren eigenen, geringen Lebensstandard nicht mit dem fremden, hohen Lebensstandard vergleichen konnten, waren die Unterschiede politisch nicht gefährlich. Seitdem aber die unterentwickelten Völker durch Zeitungen, Film und Rundfunk über den höheren fremden Lebensstandard informiert werden, wurde ihr Anspruch auf einen hohen Lebensstandard zu einem politisch heißen Problem.

Dies ist wohl ein zentrales Problem der zukünftigen Politik: Wie kann man im Zeitalter der Massenmedien mit der Ungleichheit leben?

Im Hinblick auf militärische Auseinandersetzungen erwachsen aus dem gegenwärtigen Informationsbetrieb beinahe unlösbare Probleme: Durch die Massenmedien sieht und hört die Bevölkerung die unvorstellbaren Greuel des Krieges und sie reagiert hierauf mit Entsetzen: Diese Greuel zu verhindern ist doch wichtiger als jedes angebbare Kriegsziel.

Unliberale Systeme mit ihren kontrollierten Massenmedien haben dieses Problem praktisch nicht: Sie zeigen ihrer Bevölkerung die Tapferkeit ihrer eigenen Soldaten und die Grausamkeit ihrer Gegner.

Wie sehr Information die internationale Politik bestimmt, zeigen Verträge, diplomatische Kanäle, Staatsbesuche, »heiße Drähte« zwischen den Verantwortlichen und Konferenzen.

Die dominierende Rolle der Information in der Politik ist typisch für unsere Zeit, früher wurde Politik oft mit gröberen Mitteln gemacht – und manche Politiker fallen auch jetzt noch gelegentlich in diese groben Methoden zurück.

Die großen politischen Auseinandersetzungen werden immer mehr zu Auseinandersetzungen um die Sprache, die Zukunft scheint denen zu gehören, die Sprachregelungen durchsetzen.

Es ist ein interessantes Phänomen, wie bestimmte Begriffe oder Thesen zu bestimmten Zeitpunkten aufkommen, »thematisiert« oder »auf den Begriff gebracht« werden – manchmal ziemlich abgelöst von der realen Entwicklung.

Als beispielsweise Deutschland noch viel größer war, wurde »Volk ohne Raum« zu einer verhaltensbestimmenden Devise – aber jetzt, wo unser Land viel kleiner ist, wagt kein Mensch mehr von »Volk ohne Raum« zu sprechen – ja man betreibt vielfach eine Politik, als ob unser Land ein Einwanderungsland wäre und bedenkt nicht die gefährlichen politischen Folgen, beispielsweise im Zusammenhang mit dem Umweltschutz oder den Schwierigkeiten der kulturellen und wirtschaftlichen Eingliederung fremder Menschen.

Ganz anders steht es beispielsweise mit dem Begriff »Ausbeutung«, durch den möglicherweise manche Erscheinungsformen des Frühkapitalismus zutreffend beschrieben worden waren. Dieser Begriff ist auch heute noch politisch höchst wirksam – wie beispielsweise Tarifstreitigkeiten zeigen –, obwohl diesem Begriff kaum mehr eine angebbare Realität entspricht.

Solche Beispiele zeigen, wie politische Vorgänge durch bestimmte Informationen oder Desinformationen beeinflußt werden.

Durch Sprachumdeutung und semantischen Betrug wurde bei uns im letzten Jahrzehnt eine Kulturrevolution veranstaltet, deren Auswirkungen wir bisher nur in allerersten Ansätzen erkennen, beispielsweise an der blockierten Kommunikation zwischen den Generationen, den bürgerkriegsähnlichen Vorgängen bei Rekrutenvereidigungen, bei Kraftwerksbauten und Hausbesetzungen.

Spionage- oder Aufklärungsdienste versuchen, Informationen zu beschaffen, Spionageabwehr- oder Abschirmdienste versuchen, diese Beschaffung zu verhindern. Der subversive Kampf ist vorwiegend ein Kampf um Information und Desinformation.

Politische Skandale sind in unserer Zeit meist informationelle Skandale, wofür »Watergate« und »Vietnam« typisch sind. »Vietnam« auch deshalb, weil über die Greuel in Südostasien nur noch wenig informiert wird, seitdem dies nicht mehr zur Agitation gegen die USA benutzt werden kann.

Typisch für die politische Willensbildung ist die Informations*reduktion*.

Diese zeigt sich z. B. an der Tatsache, daß die vielen individuellen Meinungen (die gemeinsam die öffentliche Meinung bilden) durch wenige Parteien vertreten werden und zu einer beschränkten Anzahl von Handlungsentwürfen, z. B. in den Parlamenten, führen.

Diese – durch die politische Informationsverarbeitung erzwungene – Informationsreduktion erzeugt bei vielen Bürgern das Gefühl des Übergangenwerdens und wird beispielsweise Anlaß zu Bürgerinitiativen. Deren neuerliche Zunahme ist letztlich durch die rasch zunehmende Komplexität unserer Welt und die begrenzte Verarbeitungskapazität des politischen Apparates begründet.

Nicht nur das Bewußtsein des einzelnen Menschen, sondern auch der parlamentarische Apparat ist durch die Komplexität unserer Welt überfordert. Dies ist zweifellos einer der Gründe, die zur angeblichen »Unregierbarkeit« moderner Demokratien führen.

Politische Problemlösung ist nur dann möglich, wenn die Öffentlichkeit die Folgen ihrer Willensbildung auch zutreffend wahrnimmt: Wo jedoch die Folgen der Willensbildung verfälscht werden, ist politische Problemlösung nicht möglich.

Die Verfälschung kann verschiedene Ursachen haben und verschiedene Mittel benutzen. Sie kann z. B. dadurch bestimmt sein, daß manche politische Tatsachen in den Massenmedien leicht und andere schwer darzustellen sind.

Auf den ersten Blick könnte man ja vermuten, im Wechselspiel von öffentlicher Meinung und politischer Wirklichkeit setzten sich diejenigen Grundsätze durch, die zu den besten praktischen Folgen führen. Aber mit dem Aufkommen der Massenmedien setzten sich tatsächlich Ideologien durch, die am leichtesten transportierbar sind – wie schlecht oder wie gut ihre praktischen Folgen auch sind.

Nicht nur Politiker sind unterschiedlich telegen – auch politische Ideen sind unterschiedlich telegen.

Es geht hier um die Konkurrenz von Weltbildern unterschiedlicher Verständnisschwierigkeit. Hier stehen gegeneinander

- Weltbilder, die der Komplexität unserer Welt nicht angemessen sind, sondern nur der Beschränktheit des menschlichen Bewußtseins – und

- Weltbilder, welche die Beschränktheit des menschlichen Bewußtseins überfordern und deshalb als irrational erscheinen.

Aus dieser Konkurrenz verschieden schwer verstehbarer Weltbilder erwachsen die schwierigsten Probleme unserer Zeit: So die Überlegenheit attraktiver Simplifikationen über schwerverständliche Sachkundigkeit und das Vordringen des naiven Radikalismus, der meint, er sei zu den Wurzeln der Wirklichkeit vorgestoßen, während er tatsächlich nicht über die Kulissen seiner beschränkten Ideologie hinaussieht.

Der Kompromiß ist ein typisches Verhaltensmuster liberaler, pluralistischer Gesellschaften, das der Komplexität unserer Welt Rechnung trägt, die Radikalität ein typisches Verhaltensmuster simplifizierender und unkritischer Ideologen.

Radikalität beweist vor allem das Unverständnis der informationellen Unzulänglichkeit des Menschen.

Der Marxismus tut sich mit dem Begriff »Information« besonders schwer.

Ursprünglich kannte ja Marx nur Materie im engeren Sinne. Auf diese wollte er alle Erscheinungen zurückführen. Diese stellte er und Engels dem Ideellen gegenüber.

Bereits das Verständnis der Energie und später deren Umwandelbarkeit in Materie machte dem marxistischen Dogma Schwierigkeiten – sie wurden aber später mit Hilfe einiger Uminterpretationen doch beseitigt.

Bei Lenin (in »Materialismus und Empiriokritizismus«)

bekam der Begriff »Materie« eine sehr weite Deutung – etwa im Sinne jeglicher »objektiver Realität«.

In dieses dogmatisch zementierte Verständnis der »Materie« platzte nun der Begriff »Information« hinein, der einfach nicht in das dogmatische Schema einfügbar ist und deshalb für jeden gläubigen Marxisten ein Ärgernis sein muß: Man kann doch nicht »Information« auch noch (wie einst Energie) zur Materie schlagen – aber man kann sie doch auch nicht als erfahrungswissenschaftlich begründete ideelle Kategorie akzeptieren und damit Hochverrat am Marxismus begehen.

Besonders ärgerlich ist dieses Problem für den marxistischen Informatiker: Er arbeitet ständig mit einer Essenz, die offensichtlich unabhängig von ihrer materiellen Gestalt ist, die sich mal als Loch im Lochstreifen, mal als elektrischer Impuls und mal als Magnetisierung zeigt und doch immer »dasselbe« bedeutet. Er kann ohne Häresie einfach nicht zugeben, daß hier etwas ist, was es in seinem Weltbild nicht geben kann.

Hochwertige Produktionen hängen vor allem von Informationen ab: Von der riskanten Auswahl der Produkte und Bereitstellung der Mittel über die zweckmäßige Organisation, Sach-Informationen in Bezug auf Patente, Normung, Absatz-Märkte usw. bis hin zur Verantwortung für Arbeitsplätze, Garantie für die Produkte und Sorge für Umweltschutz.

Diese informationellen Voraussetzungen moderner Produktionen wurden von der marxistischen Wirtschaftstheorie kaum wahrgenommen: Sie scheint hier blind zu sein – wenigstens, solange sie sich nicht selbst um diese Voraussetzungen kümmern muß.

Marxens Überlegungen versagen gänzlich vor dieser Einsicht: Hochwertige Produktion braucht nicht nur Kapital und Arbeit, sie braucht vor allem Information: Die wichtigste Zutat jeder hochwertigen Produktion ist immateriell – entzieht man ihr diese Zutat, dann erweisen sich Kapital und Arbeit als beinahe wertlos.

Der »Mehrwert« (auf den sich die angebliche Ausbeutung bezieht und der den Klassenkampf rechtfertigen soll) ist das Entgelt für aufweisbare Leistungen, vor allem Information.

Wenn K. Marx beispielsweise schreibt:

> *»Rente, Zins und industrieller Profit sind bloß verschiedene Namen für verschiedene Teile des Mehrwerts der Ware oder der in ihr vergegenständlichten unbezahlten Arbeit . . .«*

so muß man ihm in Kenntnis der informationellen Zusammenhänge so widersprechen:

Rente, Zins und industrieller Profit sind Entgelte für die notwendigen Vorleistungen für die Entstehung von Mehrwert, vor allem informationelle Vorleistungen, aber auch für das Risiko erfolgloser Versuche zur Erzeugung von Mehrwert (die für den technischen

Fortschritt so unverzichtbar sind wie die Nieten für die Lotterie).

Ähnlich fragwürdig sind auch die entsprechenden Anklagen im internationalen Rahmen:

Die hochentwickelten Länder würden den unterentwickelten Ländern ihre Ressourcen, beispielsweise Öl »stehlen«. Auch hier ist festzustellen, daß diese Ressourcen ohne den informationellen Beitrag der hochentwickelten Länder wertlos wären (welchen Nutzen haben Kamel-Nomaden vom Öl unter ihrem Wüstensand?).

Ohne die Wissenschaft und Technik der hochentwickelten Länder, ohne ihre informationellen Ressourcen wären die materiellen Ressourcen wertlos und die Bewohner der unterentwickelten Länder könnten diese weder fördern, noch transportieren, noch benutzen.

Auch dieser Ausbeutungs«-Vorwurf übersieht gänzlich, daß den wichtigsten Beitrag zur Produktion die angeblichen Ausbeuter geliefert haben – und daß ohne sie überhaupt kein Mehrwert existierte.

Unverständig sind Marx und seine Jünger auch im Hinblick auf den Handel. So meinte z.B. F. Engels einst:

> *»Mit einem Worte, der Handel ist der legale Betrug.«*

Damit ignorierte er alles, was Voraussetzung eines wirksamen Handels ist, alle die informationellen Leistungen, welche Antworten geben z. B. auf die Fragen: Wo können Waren günstig eingekauft und wo günstig verkauft werden, wie werden sie zweckmäßigerweise transportiert, wann und wie gelagert?

Die Verwirklichung der marxistischen Vorstellungen von der Ökonomie setzt einiges nicht Verfügbare voraus:

- Erstens eine Bürokratie, die alles schon im voraus weiß, aber nichts kostet,

- zweitens Menschen, die auch ohne Anreiz durch die Aussicht auf zukünftige Gewinne Höchstleistungen vollbringen, und

- drittens die Abwesenheit anderer Ökonomien, so daß die bürokratische Organisation ohne den Druck überlegener Konkurrenten ungestört dahinvegetieren kann.

Aber in der realen Welt entstehen aus dem Fehlen dieser Voraussetzungen alle die Mißstände, die sich tagtäglich zeigen – bis hin zu den imperialistischen Drohungen gegen alle, die sich nicht auf die ineffektive Bürokratisierung einlassen, sondern wirksamere Produktionen und Wirtschaften aufbauen.

Die Überlegenheit liberaler Wirtschaften liegt vor allem in ihrer Anpassungsfähigkeit und Kreativität, also im informationellen Bereich.

Die unlösbaren Probleme jeder sozialistischen Wirtschaft sind:

1. Wie kann man das Risiko geringer Leistung beseitigen und trotzdem den Leistungswillen erhalten?

2. Wie kann Fortschritt ohne Konkurrenz Ungleicher stimuliert werden?

3. Wie können die vielen unterschiedlichen Konsumentenwünsche ohne Vergewaltigung durch eine zentrale Steuerung befriedigt werden?

Diese Probleme sind grundsätzlich und für alle Zukunft ohne Aufgabe sozialistischer Prinzipien unlösbar – deshalb wird der Sozialismus bei der Erzeugung von Kreativität, Leistung und Wohlstand immer unterlegen sein.

In den Massenmedien sind vielerlei Sachzwänge und Verführungen wirksam: So die Bevorzugung ungewöhnlicher Ereignisse, ihre simplifizierende und möglicherweise übertreibende Darstellung.

Die Realität braucht ein Verständnis, das ihr Komplexität irgendwie zur Kenntnis nimmt (z. B. auch ohne theoretische Begründung vernünftig handelt), die Kommunikation braucht ein Verständnis, das die Illusion des Durchschauens, des Verstandenhabens erzeugt – auch wenn sich dieses scheinbare Durchschauen immer wieder als Irrtum erweist. So entfernt sich das Denken der Informationsproduzenten vom Denken der Problemlöser – und so entsteht auch die Reduktionspublizistik, welche die Welt auf das aktuell Erklärbare reduziert.

Aber man mache sich hierüber keine Illusionen: Auf die Reduktionspublizistik folgt die reduzierte Wirklichkeit – und man wird nicht glücklich mit ihr sein.

Höchst bedenklich ist das Entstehen und die Vorherrschaft einer angeblich kritischen Publizistik, welche unser Zusammenleben ständig negativ beurteilt – wobei sie die Komplexität unserer Welt und deren geschichtliche Bedingtheit weitgehend ignoriert und sich auf das leicht Darstellbare beschränkt.

So entsteht eine Schein-Rationalität, welche die großenteils unverstandenen Zusammenhänge unserer komplexen Welt mit inquisitorischen Pathos anklagt.

Aber unsere Welt ist besser, als ihre Dauer-Ankläger behaupten – und deren Alternativen sind schlechter, als sie meinen (sofern sie solche überhaupt haben oder vortäuschen).

Bedenklich ist vor allem die Herauslösung einzelner Fakten aus ihrem komplexen Zusammenhang und ihre vorwurfsvolle Anprangerung.

Vermutlich würden viele der herausgeschnittenen Fakten gar nicht als Skandal und gar nicht als berichtenswert erscheinen, wenn man sie sorgfältig in all ihren historischen und sozialen Bedingungen wahrheitsgetreu darstellen würde. Viele publizierten Skandale sind überhaupt keine Skandale – sie werden erst durch die Darstellung, die Unterdrückung von Zusammenhängen zum Skandal gemacht. Der Skandal liegt nicht in der Wirklichkeit, sondern in der Darstellung.

Aber auch dies sollte die Magazin-Pharisäer zu mehr Bescheidenheit veranlassen: Ihre Kritik kommt meist dann, wenn Ergebnisse und Folgen offensichtlich sind – aber sie sind meist schweigsam oder vieldeutig, solange Unsicherheit und Risiko bestehen. Die Magazin-Pharisäer haben – nachträglich! – immer recht, aber vorher sind sie ebenso irrende und unsichere Menschen wie alle anderen auch.

Aber so, wie sich die Verhältnisse bei uns entwickelt haben, kann man mit diesem Pharisäertum enorme Vermögen und großen politischen Einfluß gewinnen.

Die Einseitigkeit des Informationsflusses beim gegenwärtigen üblichen Massenkommunikationsbetrieb verhindert Korrekturen der verfälschten Magazin-Scheinwelt und belastet unser Zusammenleben durch ein Gebirge unaufgeklärten Skandal-Schutts.

Die informationelle Unzulänglichkeit des Menschen kann – wie gesagt – durch fremde Erfahrung überwunden oder gemildert werden.

Hierbei ist vor allem auf die Überlieferung zu verweisen, die als ein ungeheuerer Erfahrungsschatz von menschlichem Verhalten und seinen Folgen verstanden werden kann.

Die Erkenntnisse naturwissenschaftlicher Verhaltensforscher und geisteswissenschaftlicher Anthropologen nähern sich gegenwärtig in erstaunlichem Maße. Der große Arnold Gehlen schlug die Brücke von den »physiologischen Tugenden« zu historisch gewachsenen Tugenden. Konrad Lorenz spricht von der »drohenden Auflösung unserer Sozietät durch Störungen der Überlieferung unentbehrlicher sozialer Verhaltensnormen« und davon, daß »ein Abreißen der Tradition alle kulturellen Normen sozialen Verhaltens wie eine Kerzenflamme auslöschen kann«.

Das Leben eines Menschen reicht einfach nicht aus, die notwendigen Tugenden selbst zu erfinden – hier muß jeder aus den Erfahrungen früherer Generationen lernen.

Wer ist schon imstande, komplexe Kulturformen rational zu begründen? Beispielsweise die Achtung vor der Privatsphäre, Gemeinsinn, sexuelle Moral usw.?

Derartige Errungenschaften einer hohen Kultur werden zerfallen, wenn sie nicht mehr vertrauensvoll von Generation zu Generation weitergegeben werden können.

Die wichtigste Erkenntnis unserer Zeit ist, daß viele Erfahrungen ohne theoretische Begründung hingenommen werden müssen.

Diese – aus naturwissenschaftlichen Erfahrungen zwingend ableitbare – Tatsache ist ein solides Fundament einer konservativen Position, die den destruktiven »Fortschritts«-Wahn überwindet.

Viele Konservative haben ja resigniert: Es gibt keine konservative Theorie, deshalb müssen sich Konservative mit Intuition durchmogeln.

Ich halte diese Resignation für gefährlich: Im Zeitalter der Massenmedien und der ideologisch hochgerüsteten Gegner ist die theoretische Basis eine zwingende Notwendigkeit für jede politische Position, die sich nicht selbst aufgeben will.

Das Fehlen einer konservativen Theorie ist ein wesentlicher Grund dafür, daß sich ständig theoretisch hochgerüstete Ideologien durchsetzen und unendlich viel Unheil anrichten – während der intuitive Konservativismus ständig zurückweicht und sich nur nachträglich brüsten kann, er habe es eigentlich doch viel besser gewußt.

Konservativität kann in unserer Zeit nicht auf mystischen Postulaten aufgebaut werden, sondern muß die modernsten Methoden nutzen: Verständnis der Information und der informationellen Unzulänglichkeit des Menschen.

Aus ihr ergibt sich zwingend, daß der Mensch auf die Weitergabe kultureller Informationen von Generation zu Generation, daß unser Zusammenleben auf Verantwortung und Vertrauen angewiesen ist.

Konservativität ist sich der Grenzen menschlicher Möglichkeit bewußt. Konservativität heißt nicht Starrheit oder Sturheit, sondern Erfahrungen nutzen und Entscheidungen an ihnen messen.

In die Irre führen uns die Propheten, die uns glauben machen wollen, sie hätten fertige Lösungen aller unserer schwierigen Probleme schon in der Tasche.

Nein: Niemand hat fertige Lösungen dieser Probleme in der Tasche: Wir müssen sie gemeinsam mit Sachverstand und Verantwortungsbewußtsein suchen.

Eine kybernetische Betrachtung menschlichen Verhaltens führt zwingend zur Einsicht, daß dieses Werte voraussetzt, auf Grund derer verschiedene Verhaltensmöglichkeiten verschieden beurteilt werden.

Während die Konservativität einen organischen Übergang von physiologischen zu historisch gewachsenen Tugenden gefunden hat (vor allem erkennbar an der fugenlosen Übereinstimmung von K. Lorenz mit A. Gehlen), hat sich bei den »Fortschrittlichen« eine geradezu abenteuerliche Entwicklung abgespielt.

Einst meinten sie, man könnte zur Erzeugung eines »neuen Menschen« und einer »neuen Gesellschaft« Werte am Reißbrett konstruieren – aber neuerdings ziehen sie sich vor praktischen Schwierigkeiten auf die total entgegengesetzte Position zurück: auf die Existenz von »Werten an sich« – eine späte Neuauflage der uralten Ideenlehre –, und unterscheiden »wertkonservativ« und »strukturkonservativ«: Während die bösen »Strukturkonservativen« angeblich nur die Mittel erhalten wollen, ohne auf die »Werte an sich« zu achten, erhalten die guten »Wertkonservativen« die Werte, auf die es doch in Wirklichkeit ankommt.

Aber mit dieser Unterscheidung gerät man in unüberwindbare Schwierigkeiten. Vor allem erweist sich bei genauerem Hinsehen Kultur als eine Vielzahl struktureller Sachverhalte. Beispielsweise ist der Rechtsstaat, der unser Zusammenleben ordnet, eine für uns alle segensreiche Struktur.

Grotesk ist auch, daß die angeblich »Wertkonservativen« in der politischen Praxis ständig mit strukturkonservativen Argumenten operieren: So beispielsweise, wenn sie die gegenwärtige Medienstruktur erhalten wollen, oder wenn sie betonen: »Verhandeln ist besser als Streiten«.

Mit den »Werten an sich« verhält es sich wie mit Zwiebeln: Wenn man alle Schalen ablöst, dann bleibt nichts mehr übrig – nach der Zerstörung aller Strukturen bleiben auch keine Werte mehr.

Die Erfahrung lehrt, daß Werte nicht theoretisch konstruiert werden können, sondern immer das Ergebnis einer langen und oft schmerzlichen Erfahrung sind.

»Aufgeklärtes« Denken brachte uns nicht das geringste Verständnis der existenziellen Probleme des Menschen, wie Geburt und Tod, Ästhetik und Sinn des Lebens. »Aufgeklärt« meint man zwar, frei zu sein, aber man ist zugleich verlassen, die Frustration wird unerträglich.

Vor den ungelösten gemeinsamen Problemen entwikkelt sich keine Solidarität zur gemeinsamen Lösung dieser Probleme, sondern gegenseitiges Mißtrauen, Haß und Neid.

Aber »aufgeklärtes« Denken ist auch immer unvollständig: Versucht man, das Spiel mit Ursache und Wirkung zu Ende zu spielen, dann gerät man auf einen endlosen Weg immer neuer Begründungen, ohne dabei jemals einen endgültigen Festpunkt zu finden.

So muß schließlich jeder irgendwo das aufgeben, was man als »Rationalität« bezeichnet und sich etwas anvertrauen, was »nur« Glaube ist. Wir stehen heute vor dem Zwang, Unverstandenes glauben zu müssen, wir stehen an den Grenzen der Aufklärung.

Wer vor einer gefährlichen Zukunft steht, der muß den visionären »Fortschritts«-Wahn ebenso meiden wie den apokalyptischen Pessimismus – der muß scharf beobachten, seine Lage nüchtern beurteilen und dann entschlossen handeln.

Steinbuch, Karl, Dr.-Ing.
Geboren 1917 in Stuttgart-Bad Cannstatt.
Studium an der Technischen Hochschule Stuttgart.
1948–1958: Labor- und Entwicklungsleiter bei der Firma Standard Elektrik Lorenz AG, Stuttgart. 1957 verantwortlich für den Aufbau des Informatik-Systems »Quelle«.
Über 50 Patente.
1958–1980: ordentlicher Professor und Institutsdirektor an der Universität Karlsruhe (TH).
Mitglied der Akademie der Naturforscher LEOPOLDINA, Halle/Saale.

Auszeichnungen:

Wilhelm-Bölsche-Medaille in Gold
Deutscher Sachbuchpreis
Gold-Medaille des XXI. Internationalen Kongresses für Luft- und Raumfahrtmedizin
Konrad-Adenauer-Preis für Wissenschaft
Jakob-Fugger-Medaille
Verdienstmedaille des Landes Baden-Württemberg

BUCHTITEL

Automat und Mensch · Die informierte Gesellschaft · Falsch programmiert · Programm 2000 · Mensch, Technik, Zukunft · Kurskorrektur · JA zur Wirklichkeit · Kommunikationstechnik · Maßlos informiert · Diese verdammte Technik